L'ŒUVRE DE VICTOR HUGO
ENTRE FRAGMENTS ET ŒUVRE TOTALE

 *Etudes Romanes 55*

Collection dirigée par
Hans Peter Lund

Dans la rédaction :

Anita Berit Hansen
Hanne Jansen
Lene Waage Petersen

INSTITUT D'ÉTUDES ROMANES
UNIVERSITÉ DE COPENHAGUE

L'œuvre de Victor Hugo

entre fragments et œuvre totale

Actes du colloque international
Copenhague 25 octobre 2002

Recueillis et publiés par
Hans Peter Lund

MUSEUM TUSCULANUM PRESS
UNIVERSITY OF COPENHAGEN
2003

Hans Peter Lund (éd.) :
L'œuvre de Victor Hugo – entre fragments et œuvre totale

© Museum Tusculanum Press 2003
Etudes Romanes vol. 55
Mise en pages: Nils Soelberg
Imprimé au Danemark par Special-Trykkeriet Viborg a-s

ISBN: 87-7289-842-9
ISSN: 1395 9670

Publié avec le soutien financier
du Conseil de recherche des lettres et sciences humaines du Danemark
et de la Fondation Birthe et Knud Togeby.

Museum Tusculanum Press
Université de Copenhague
Njalsgade 92
DK-2300 København S
Danemark
www.mtp.dk

Table des matières

Avant-propos 7

Morten Nøjgaard : Hugo et le peuple 11

Delphine Gleizes : Genèse en archipel. La création à l'œuvre
    dans *Les Travailleurs de la mer* 31

Myriam Roman : Totalisation et fragmentation dans
    La Légende des siècles de Victor Hugo (Première série) 57

Hans Peter Lund : Du *Rhin* à la Manche.
    Ensembles et dispersions dans la vision de l'histoire chez Hugo ... 75

Juliette Frølich : Conter à « coups de poing » ou l'art
    de l'excessif – Flaubert lisant Victor Hugo romancier 91

Michel Brix : Hugo et Balzac : poétiques comparées 105

Avant-propos

Le bicentenaire de la naissance d'un écrivain n'est qu'un pseudo-événement qui, par principe, n'oblige à rien – sauf à inscrire son œuvre au programme de l'agrégation et à celui des maisons d'édition. Néanmoins, on a pris l'excellente habitude, en France et ailleurs, de « fêter » de tels événements et de saisir l'occasion, là où d'autres ne voient que l'intérêt du gain, de se pencher sur l'œuvre de celui dont on célèbre l'anniversaire ... ou la mort. Dans le cas de Victor Hugo, monument national et, soit dit sans ambiguïté, monument européen, et même, de manière symbolique en tout cas, monument mondial, il s'agit d'un nom qui n'est pas seulement celui d'un écrivain d'une certaine envergure (c'est le moins qu'on puisse dire), mais aussi d'un nom qui a sa place dans l'histoire politique et dans celle du long mouvement révolutionnaire commencé, avant la naissance de l'écrivain, en Amérique, poursuivi en France, et étendu plus tard à toute l'Europe. On ne s'étonnera pas que le bicentenaire soit devenu un événement médiatique marqué en France et ailleurs par des colloques et des séminaires.

Nous avons donc organisé, nous aussi, suite à une initiative prise par *l'Institut français de Copenhague,* un colloque international pour fêter cet anniversaire important[1]. Cependant, nous n'avons pas voulu consacrer nos efforts et ceux de nos invités à couronner le monument « Hugo », mais, au contraire, à scruter son œuvre dans ce qu'elle a de plus secret : ses prétentions et ses défauts, prétentions à établir une totalité, défauts de cette totalité recherchée ...

En effet, chez tout écrivain romantique, chez Victor Hugo aussi, l'idée de la totalité est importante. A Dieu répond Satan, au bien le mal, à la ruine du passé la construction d'un ensemble à venir.

Il insistait lui-même sur la totalité. C'est d'ailleurs par ce biais que commence le grand article qui lui est consacré dans le *Dictionnaire* Bordas *des littératures de langue française*[2] : Hugo est une totalité ... et de citer notre écrivain : « L'ensemble de mon œuvre fera un jour un tout indivisible. [...] J'existerai par l'ensemble. » Unité de l'œuvre... unité de l'existence, totalité de l'ensemble. Est-ce vrai ? Qui oserait le confirmer après les années de déconstruction et de postmodernisme par lesquelles nous sommes passés ?

Quoi qu'il en soit, ce qui nous paraît certain, c'est que Victor Hugo est *aussi* un écrivain qui accepte les expressions fragmentaires, un penseur pour qui la pensée fragmentaire est un fait, un historien chez qui l'absence de continuité est une réalité. Les éléments qui formeraient un monde continu retombent souvent, chez lui, en autant de parties désintégrées. La totalité, il l'aperçoit quelque part dans les temps à venir, et seule l'écriture prophétique annonce l'harmonie à venir. Inversement, on voit parfois, s'agissant de l'histoire du passé, dans cette même écriture, la totalité détruite et émiettée.

C'est le jeu entre cette totalité et ces fragments qui s'est trouvé au centre de l'interrogation et des débats du colloque international tenu à Copenhague, le 25 octobre 2002, dans la prestigieuse salle de *l'Académie Royale des Sciences et des Lettres de Danemark*, sous le titre qui est également le titre de la présente publication. Nous avons abordé notre sujet de différents côtés : la poétique, le style, l'écriture et la représentation. Mais on sait que derrière ces aspects de l'œuvre, on trouve chez Hugo une réflexion profonde sur ce monde qui se constituait tout au long du XIXe siècle... ce siècle dont Hugo disait justement que « deux phénomènes marchent de front : la désagrégation et la recomposition »[3]. Il aimait bien, d'ailleurs, parler de la totalité : « l'homme est un total, les êtres sont des sommes [...]. Tout homme est composé de tout le genre humain... » disait-il dans *L'Ane*.

Mais il était en même temps conscient de l'existence du fragmentaire, de ce fragmentaire dont Maurice Blanchot disait qu'il « ne précède pas le tout, mais se dit en dehors du tout et après lui ». Il peut s'agir de « copeaux » d'une œuvre, comme le dit Hugo lui-même à propos de certains morceaux de son livre sur Shakespeare[4] – donc de fragments ou de morceaux détachés d'un texte. Il peut s'agir également de brouillons, d'ébauches ou d'esquisses ; c'est le cas de toutes les « notes » enfermées dans la fameuse « commode aux brouillons » à Guernesey ; son petit-fils Georges Hugo racontait vers 1921, comment Victor Hugo retirait régulièrement de cette commode des notes pour s'en inspirer et, ensuite, les replacer, souvent barrées...[5]

L'idée de fragmentation et de totalisation a inspiré, d'abord, quelques communications consacrées aux romans. En premier lieu *Les Misérables*, cette vaste fresque qu'on croit normalement totalisante, mais où Hugo, selon l'optique de Morten Nøjgaard, saisit sur le vif des fragments de la réalité sociale ; de là le dynamisme de la pensée sociale exprimée dans ce roman, alliant utopie et réalisme, pauvres et riches, homme et Dieu.

Le terrain romanesque, particulièrement approprié, semble-t-il, à la recherche menée ici, inspire à Delphine Gleizes des réflexions sur *Les*

Avant-propos

Travailleurs de la mer, cette création romanesque qui unit le bloc et le fragment, la structure et sa désagrégation ; l'auteur arrive à détecter dans ce roman l'importance et la signification de l'écueil et des vagues, pour s'arrêter à la manière dont Hugo intègre et réduit le fragmentaire, l'hétérogène et le discontinu dans l'élaboration du texte.

Passant à la poésie épique de Hugo, Myriam Roman, dans *La Légende des siècles*, considère l'ensemble formé de tous les morceaux détachés qu'on sait, ensemble qui forme, au sens romantique du terme, un tout et donne l'image d'une totalité : totalisation à l'œuvre, donc, dans les poèmes épiques fragmentés qui composent cette vaste fresque.

Mais les poèmes épiques eux-mêmes peuvent retomber en fragments, ou manquer d'unité, ou encore exprimer une vision du monde fragmentée et incomplète, comme nous essayons nous-même de le démontrer dans notre communication consacrée aux fragments de poèmes conçus au départ (1857-58) sous le titre du *Verso de la page* et placés entre *La Révolution* et *La Pitié suprême*, et qui, par rapport à un texte comme *Le Rhin*, cette vision totale, témoignent d'une vision fragmentée de l'histoire chez Hugo.

Deux communications s'ingénient à donner à notre problématique commune les perspectives qu'elle mérite : Juliette Frølich passe par Flaubert pour mieux lire, avec lui, des passages de *Notre-Dame de Paris* qui frappent par une singulière force et une continuelle vibration. Finalement, Michel Brix donne à notre interrogation commune la perspective que nous oserons lui donner dans l'histoire littéraire, avec ses réflexions comparatives sur les deux « œuvres totales » de Balzac et de Hugo, différentes l'une de l'autre, parce que Hugo s'inscrit résolument dans la tradition des idées platoniciennes, et que Balzac, lui, instruit le procès même de cette esthétique.

Nous espérons vivement avoir contribué, avec le colloque et la présente publication, à éclairer une des facettes de l'œuvre multiple et si riche que l'est celle de Victor Hugo.

Hans Peter Lund
Copenhague, janvier 2003

Notes
1. Le colloque a été subventionné par l'Institut français de Copenhague, l'Institut d'Etudes romanes de l'Université de Copenhague et La Faculté des Lettres de l'Université de Copenhague. Nous remercions ces trois institutions de leur soutien.
2. Première édition 1987, article de G. Rosa et A. Ubersfeld.
3. « Fragments réservés » de *William Shakespeare*, éd. Bernard Leuilliot, Flammarion, 1973, p. 520.

4. Ed. citée, p. 349.
5. Cité par René Journet dans sa Présentation au volume *Chantiers* des Œuvres complètes, éd. Laffont, 1990, p. XII.

Hugo et le peuple

par

Morten Nøjgaard

Le mercredi 21 août 1850 un cortège funèbre se dirigeait vers le Cimetière de l'Est. Parmi les nombreuses célébrités qui suivaient la bière, on remarquait Victor Hugo, Sainte-Beuve et Alexandre Dumas, qui portaient tous trois les cordons du poêle. Il s'agit bien entendu des obsèques d'Honoré de Balzac. C'est à Victor Hugo qu'est revenu l'honneur de prononcer le discours funèbre, discours qui, à juste titre, est resté fameux dans les annales de la littérature française. Avec la clarté visionnaire et la profondeur d'esprit qui lui sont propres, le grand poète y fait l'éloge de son ami et confrère romancier en ces termes :

> M. de Balzac était un des premiers parmi les plus grands, un des plus hauts parmi les meilleurs. […] Tous ses livres ne forment qu'un livre, livre vivant, lumineux, profond, où l'on voit aller et venir et marcher et se mouvoir, avec je ne sais quoi d'effaré et de terrible mêlé au réel, toute notre civilisation contemporaine ; livre merveilleux que le poëte a intitulé comédie et qu'il aurait pu intituler histoire, qui prend toutes les formes et tous les styles […] ; livre qui est l'observation et qui est l'imagination ; qui prodigue le vrai, l'intime, le bourgeois, le trivial, le matériel, et qui par moments, à travers toutes les réalités brusquement et largement déchirées, laisse tout à coup entrevoir le plus sombre et le plus tragique idéal.
>
> A son insu, qu'il le veuille ou non, qu'il y consente ou non, l'auteur de cette œuvre immense et étrange est de la forte race des écrivains révolutionnaires. (ŒC, t. VII, p. 317)

Si Balzac aurait sans doute été surpris de se voir classé dans la « forte race des écrivains révolutionnaires », les paroles élogieuses du discours funèbre définissent avec une admirable précision une aspiration fondamentale de la création balzacienne : la recherche de l'œuvre totale. Or, cette aspiration représente non seulement une des hantises constantes du romantisme, mais fournit aussi la clef de la création romanesque de Hugo lui-même. C'est ainsi que, vers la fin de sa créativité de romancier, Hugo avait conçu le projet, jamais pleinement réalisé, d'une trilogie historique, trilogie romanesque destinée à faire pendant, dans l'ordre du social, au grand ensemble épique sur la marche de l'humanité, *La Légende des siècles*. De ce projet il nous reste deux romans. Le premier est le texte onirique qui prétend décrire l'étape de la féodalité, *L'Homme qui rit* (1869), but qu'il n'atteint guère que dans le grand discours que prononce le saltimbanque et haut seigneur noble (!) Gwynplaine dans la Chambre des Lords, discours qui dénonce la misère des petites gens et qui ressemble aux discours prononcés par Hugo à la Chambre, comme nous le verrons. Malheureusement, le reste du roman est un amas confus d'épisodes mélodramatiques et de réflexions métaphysiques du prophète Hugo. Seul le second ouvrage, *Quatrevingt-treize* (1874), dernier roman publié par Hugo, témoigne d'un réel effort pour parvenir à une vision d'ensemble de la marche de l'histoire, développant notamment un thème important des *Misérables*, le rôle de la révolution dans le progrès du genre humain. Le troisième volume aurait dû illustrer l'étape intermédiaire, celle de la monarchie, progrès par rapport à la féodalité, mais institution imparfaite, parce qu'elle ne laisse pas de place à la liberté de l'homme.[1]

A l'époque où Hugo prononça son discours, le monde artistique était familiarisé avec l'idée d'œuvre totale. On avait pris connaissance des thèses wagnériennes sur la « Gesamtkunstwerk[2] », et le petit récit de Balzac, *Le Chef-d'œuvre inconnu* avait paru en 1831 (cf. *La Recherche de l'absolu*, qui date de 1834). Soulignons en passant que cet idéal esthétique ne s'évanouit pas avec le romantisme, au contraire. Sans même mentionner l'esthétique mallarméenne, il suffit de relever la tentation constante, depuis Zola, de créer un roman total sous la forme d'une somme romanesque en multiples volumes, tentation qui se prolonge loin dans le vingtième siècle avec, par exemple, les romans fleuve de Martin du Gard et de Jules Romains.

Or, le curieux est que cette hantise de l'œuvre totale ait marqué l'esprit de Victor Hugo dès le début de son activité littéraire. En 1823 le jeune critique rend compte de *Quentin Durward*, roman historique de Walter Scott sur la figure énigmatique de Louis XI et qui constitue évidemment une inspiration essentielle pour ce qui allait devenir *Notre-Dame de Paris* (1831). Dans cette étude prophétique, reprise en 1834 dans *Littérature et philosophie mêlée* (ŒC, t. V pp. 128-134), Hugo esquisse une esthétique romanesque. Il rejette les deux types de roman qui lui paraissent dominer la production contemporaine, le « roman narratif », qui « ne peut donner place au dialogue naturel, à l'action véritable » (*ibid.*, p. 130), et le « roman par lettres », où la même monotonie provient de l'impression qu'on a d'écouter « ces laborieuses conversations de sourds-muets qui s'écrivent mutuellement ce qu'ils ont à se dire » (*ibid.*). Rejetant ces esthétiques éculées, l'ambition du jeune Victor Hugo serait de créer un

> roman dramatique, dans lequel l'action imaginaire se déroule en tableaux vrais et variés, comme se déroulent les événements réels de la vie ; qui ne connaisse d'autre division que celle des différentes scènes à développer ; qui enfin soit un long drame, où les descriptions suppléeraient aux décorations et aux costumes, où les personnages pourraient se peindre eux-mêmes, et représenter, par leurs chocs divers et multipliés toutes les formes de l'idée unique de l'ouvrage. (*Op. cit.*, p. 131)

Bien que légèrement biaisées par la terminologie dramaturgique, les paroles hugoliennes annoncent ici clairement une nouvelle esthétique romanesque, mais qu'il ne réalisera cependant lui-même que bien plus tard : celle du roman total de l'humanité, ensemble complexe, mais animé d'une « idée unique ». L'ouvrage dont rêve le jeune critique, il n'arrive encore, en 1823, à se le figurer que comme un mariage de deux formes connues, le drame et l'épopée. Cependant, en y ajoutant le récit coloré de Scott, il réussit tout de même à formuler en une synthèse puissante le nouvel idéal de l'œuvre totale :

> Après le roman pittoresque, mais prosaïque de Walter Scott, il restera un autre roman à créer, plus beau et plus complet encore selon nous. C'est le roman à la fois drame et épopée, pittoresque, mais poétique, réel, mais idéal, vrai, mais grand, qui enchâssera Walter Scott dans Homère. (*Op. cit.*, p. 131)

Voilà l'idéal que Hugo reformula en 1850 en l'appliquant à Balzac. Or, probablement sans le savoir en 1850, Hugo allait justement le réaliser, enfin, une dizaine d'années plus tard, quand il entreprend en 1860-61 un roman qu'il avait abandonné en 1848, bien que pratiquement achevé au dire de son fils, intitulé *Les Misères*. A l'époque de l'enterrement, le problème de la misère populaire était au centre des préoccupations de Victor Hugo homme politique. C'est ainsi que, le 9 juillet 1849, il prononça à l'Assemblée législative un discours important sur « La Misère » (*ŒC*, t. VII, pp. 207 ss). L'orateur s'y déclare notamment convaincu qu'on peut éradiquer la misère du corps social. Après une dénonciation politiquement correcte des « chimères du socialisme » (*op. cit.*, p. 210) et une main tendue aux chrétiens (« la souffrance est une loi divine », p. 211), Hugo provoqua la sensation à la Chambre avec l'affirmation suivante :

> La misère est une maladie du corps social comme la lèpre est une maladie du corps humain ; la misère peut disparaître comme la lèpre a disparu. Détruire la misère ! oui, cela est possible. (*Ibid.*)[3]

C'est en appliquant cette idée à l'évolution de la société humaine, en la radicalisant[4] et en en élargissant la portée jusqu'à concerner la société tout entière que le Hugo de 1861 transforme le vieux manuscrit des *Misères*, récit de la rédemption chrétienne d'un forçat et représentation de l'injustice réservée aux pauvres, dans l'épopée moderne de la marche de l'humanité.

La première observation qu'on ne peut manquer de faire en comparant le roman publié avec les idées hugoliennes est que, par sa composition composite, *Les Misérables* remonte directement au principe de 1823. Avec une audace qui ne réussit qu'à lui, Victor Hugo marie tous les types romanesques accessibles à un écrivain du Second Empire :

1) le roman noir du galérien[5] et de la pègre parisienne (la bande à Thénardier, l'éléphant de Gavroche, la fuite à travers les égouts, etc.) ;
2) le roman d'aventure : Javert sans cesse sur le point d'arrêter Valjean (par exemple l'épisode du Petit-Picpus) ;
3) le roman feuilleton[6], avec l'utilisation à la Dumas du dialogue, des répliques courtes et des coupures dramatiques en chapitres courts ;
4) le roman social sur l'injustice de la société acculant le pauvre au vol et la fille délaissée à la prostitution (les Amis de l'ABC, l'émeute, etc.) ;
5) le roman sentimental : la petite Cosette en Cendrillon, l'amour de Marius et de Cosette, etc. ;
6) le roman réaliste et psychologique, par exemple la révolte du jeune homme face à son grand-père, M. Gillenormand, ou la résignation tragique de Valjean à la fin.

A cette multiplicité de techniques il faut encore ajouter deux types de discours non fictif :

7) la réflexion philosophique et politique (sur le peuple, la révolution, les cloaques de Paris, etc.) ;
8) la vie de saint (le portrait de Monseigneur Myriel).

Cependant, ce qui devait transformer cet amalgame de discours divers en œuvre totale, c'était, on s'en souvient, « toutes les formes de l'idée unique de l'ouvrage » (*Sur Walter Scott*, t. XIV, p. 131), formes suscitées par les « chocs divers et multipliés des personnages » (*ibid.*). Cette idée unique qui, effectivement, a permis à Victor Hugo d'« enchâsser Walter Scott dans Homère », quelle est-elle ? Il est certes loisible de risquer plusieurs réponses, d'autant plus que Hugo lui-même ne s'en est pas privé. Selon la courte préface publiée, l'idée est de « détruire la misère par une action sociale », comme le préconisait l'orateur de 1849. Selon le premier chapitre du livre sept de la deuxième partie, l'idée est le rapport métaphysique de l'homme à l'infini (« la réverbération de Dieu sur le mur humain ») :

> Ce livre est un drame dont le premier personnage est l'infini. L'homme est le second.

Selon le *Postscriptum à ma vie* (posthume, 1901) « mon amour du peuple » et « ma foi en Dieu » seraient les deux faces de ce rapport, ce qui orienterait plutôt le message en direction de la charité chrétienne.[7]

A mon avis, la réponse qui caractérise le mieux l'idée centrale des *Misérables* et qui rend le mieux compte de la prolifération des formes sous lesquelles apparaît la question sociale dans notre roman a été formulée par Hugo lui-même dans le recueil si important de réflexions philosophiques et esthétiques intitulé *William Shakespeare* (1864). Dans le chapitre deux (« Les esprits et les masses ») du livre cinq de la seconde partie, Hugo révèle en effet l'idée profonde qui lui a inspiré son œuvre :

> La transformation de la foule en peuple, profond travail. C'est à ce travail que se sont dévoués, dans ces quarante dernières années, les hommes qu'on appelle socialistes. L'auteur de ce livre, si peu de chose qu'il soit, est un des plus anciens […]. Qu'on ne l'oublie pas, le socialisme, le vrai, a pour but l'élévation des masses à la dignité civique, et pour préoccupation principale, par conséquent, l'élaboration morale et intellectuelle. (*ŒC*, t. XII, p. 274)

Dans les pages qui suivent, j'essaierai de saisir quelques-uns des aspects de cette idée unique, « la transformation de la foule en peuple », sans prétendre naturellement à en épuiser « toutes les formes ».

Avec sa formule géniale, Hugo rattache son roman à un problème essentiel de la pensée romantique : le rapport au prochain. Une des originalités du romantisme français est en effet sa préoccupation constante de ce qu'on appelait à l'époque la question sociale. Si presque tous les romantiques y ont longuement réfléchi, c'est que leur profonde conviction de l'unicité du moi, de la singularité et de l'autonomie de l'individu rend angoissante la question de l'existence des autres ou, plutôt, celle de la *valeur* de ces existences. Il est significatif que la poésie sociale romantique n'exalte pas le peuple dans son *être*, mais dans son *devenir*. Ce n'est pas par hasard que la belle formule hugolienne parle de *transformation* plutôt que, par exemple, de 'grandeur'. La plèbe qui est là est déchue et vile, bien que sans faute, car elle n'a qu'un moi grégaire, c.-à-d. à peine une individualité, aucune singularité.

C'est cette vision négative de base qui explique qu'un courant artistique comme le Biedermeier allemand n'a jamais vraiment pris racine en France

– avec l'exception, peut-être, de quelques ouvrages d'auteurs alsaciens notamment ; je pense à l'*Ami Fritz* (1864) d'Erckmann-Chatrian. En revanche, les exaltations de la foule comme un être mystique doué d'une valeur propre appartiennent bien à l'arsenal idéologique du romantisme humanitaire. On trouve cette idée chez George Sand[8], qui insiste souvent sur la valeur autonome des simples et des petits, de la plèbe en tant que plèbe, c.-à-d. comme corps ou organisme, et non comme composée d'êtres uniques et singuliers. Voir par exemple la notice qui précède, en 1851, une édition populaire de la *Mare au Diable* (1846) :

> J'ai bien vu, j'ai bien senti le beau dans le simple, mais voir et peindre sont deux. Tout ce que l'artiste peut espérer de mieux, c'est d'engager ceux qui ont des yeux à regarder aussi. Voyez le ciel et les champs. Et les arbres, et les paysans surtout dans ce qu'ils ont de bon et de vrai : vous les verrez un peu dans mon livre, vous les verrez beaucoup mieux dans la nature. (Ed. Classiques Garnier, 1962, pp. 4-5)

Dans *Consuelo. La comtesse de Rudolstadt* (1842-1843) elle fait surtout l'éloge des simples d'esprit, mais toujours vus comme masse (foule) non comme êtres autonomes (c'est le comte mystique, Rodolphe, qui parle) :

> Las de voir la stérilité et la vanité de l'intelligence des hommes de ce siècle, j'ai eu besoin de retremper mon cœur compatissant dans le commerce des esprits simples ou malheureux. Ces fous, ces vagabonds, tous ces enfants déshérités des biens de la terre et de l'affection de leurs semblables, j'ai pris plaisir à converser avec eux ; à retrouver, dans les innocentes divagations de ceux qu'on appelle insensés, les lueurs fugitives, mais souvent éclatantes, de la logique divine ; dans les aveux de ceux qu'on appelle coupables et réprouvés, les traces profondes, quoique souillées, de la justice et de l'innocence, sous la forme de remords et de regrets. (Ed. Classiques Garnier, 1959, t. II, pp. 17-18)

La mystique du peuple trouve peut-être son expression accomplie dans un texte de Michelet contemporain des *Misérables*. Il s'agit de la préface de l'*Histoire de France* publiée en 1869 : « Il n'a pas d'ailes, ce pauvre ange, il est peuple, il est faible, il est nous, il est tout le monde » (cit. Schmitt 2001, p. 244).

Il est facile de voir en quoi ce mysticisme grégaire se distingue de l'individualisme romantique. Si le héros révolutionnaire incarne les forces vives du peuple, c'est qu'il est lui-même constitué d'une âme forte, autonome et singulière. Comme toujours, c'est Hugo lui-même qui met les points sur les i ; il termine la fameuse description de Gavroche ramassant les cartouches au nez des soldats et des gardes nationaux (V, 1, XV) avec les mots : « Ce n'était pas un enfant, ce n'était pas un homme ; c'était un étrange gamin fée. » La fin même du chapitre nous explique l'exceptionnelle grandeur d'âme du petit gamin de Paris : « Cette petite grande âme venait de s'envoler. »

Le projet poético-politique du romancier romantique est ainsi non de susciter un corps mystique dénommé peuple – un peu à la façon dont on parle, en langage théologique, de l'église comme corps mystique du Christ – mais de créer, *dans* la plèbe, un moi authentique, c.-à-d. de donner à l'homme du peuple un moi unique, une individualité autonome. En d'autres termes, l'utopie sociale romantique consiste à créer une société composée de moi autonomes, mais qui ont gardé de leur passé pré-individualiste la valeur constitutive de la foule, la solidarité. Il reste qu'elle ne s'est pas montrée capable d'expliquer par quel miracle ces moi sortis des limbes de l'ignorance et de l'indistinction des êtres brutes se mettraient à coopérer vers un but commun.

La réponse standard est celle-ci : le peuple est bon, le peuple a une âme. On essaie ainsi d'escamoter la difficulté en prétendant qu'une entité abstraite comme le « peuple » puisse avoir la même constitution ontologique que l'individu physique, et qu'elle puisse, par exemple, être pourvue d'une âme, comme le suggérait Hugo dans l'épisode de la mort de Gavroche. Dans ces conditions, la marche du peuple, c.-à-d. l'évolution de la foule en peuple, serait la marche vers la vérité, car quand le peuple est fidèle à lui-même, c.-à-d. quand il se saisit dans son unicité authentique, il connaît instinctivement la vérité et choisit le bon chemin politique, c.-à-d. le progrès social. On voit facilement qu'une telle réponse aboutit rapidement à ce qu'on appelait à l'époque la « religion de l'humanité » où les révolutions ont pris la place de la crucifixion du Christ : elles sont le signe sensible de la vérité immanente dans l'âme populaire. La mort héroïque du martyr révolutionnaire rachète la bestialité de la plèbe, transformant celle-ci en peuple détenteur de la vérité sociale.

A côté de la solution par l'« âme du peuple », Hugo a aussi imaginé d'élargir l'idée d'unicité jusqu'à comprendre l'ensemble du genre humain. De même que l'individu est unique parmi les hommes, ainsi l'humanité est unique dans la création. De la sorte se justifie, si l'on veut, l'idée qu'un sort spécial serait réservé à la marche historique du genre humain.[9] Cette pensée ne fait évidemment que reprendre le dogme chrétien du statut de l'homme comme le sommet de la création, idée qui va bientôt se fragiliser sous la pression de la doctrine évolutionniste de Darwin.

Je n'étudierai pas les nombreuses formes sous lesquelles Hugo tente de peindre la transformation de la foule en peuple. Je me contenterai de relever quelques aspects des difficultés qu'a éprouvées le romancier à mettre ce programme en accord avec son univers fictif, univers dont il ne s'agit pas ici de nier la vérité humaine, mais d'ausculter la cohérence. « Vrai, mais grand », clamait le jeune Hugo parlant de la valeur esthétique de l'œuvre à venir ; le lecteur des *Misérables* trouvera-t-il aussi le message du roman de 1862 « réel, mais idéal » ?

L'époque romantique connaît deux conceptions, irréconciliables, de la masse :

1°   Matière brute qu'il s'agit d'éduquer, argile ductile sous la main de l'élite responsable de la déchéance en 'foule' (en animal sauvage et dangereux) ou de l'élévation en 'peuple'.

2°   Nature angélique qu'il suffit de libérer du joug de la religion et/ou de l'argent pour en faire jaillir l'originelle bonté.

Tout en étant contradictoires, les deux conceptions coexistent tout au long des *Misérables*. D'une part, Victor Hugo contribuable et propriétaire partageait la grande peur que ressentaient les possédants face aux « classes dangereuses ». D'autre part, Victor Hugo poète mystique se savait l'égal, sinon l'inférieur, de tout homme de bonne volonté, quelle que soit son origine sociale. Il est en effet remarquable que ce roman, qui oppose foule à peuple, se soit révélé incapable de créer une figure populaire qui incarne sans restriction la marche positive de l'humanité. On constate que les trois figures qui représentent les forces positives du peuple sont toutes marquées du sceau de l'exclusion sociale. Ce sont des caractères d'exception, mais leur grandeur d'âme reste sans lien avec leur situation sociale ; elle est toute mystique, dérivée de leur moi intime. Jean Valjean, le forçat voleur de pain, symbolise la régénération *spirituelle* du peuple, ce n'est pas lui, le révolutionnaire. Fantine, la prostituée victime des hommes, figure le martyre de la maternité. Gavroche, gamin vivant de rapines, serait-il la seule expression de la volonté révolutionnaire du peuple ? Sans doute, par cette répartition des rôles, Hugo a-t-il voulu marquer que la déchéance de la foule n'est que temporaire ; elle n'a pas entamé le cœur moralement sain du peuple. Mais il faut avouer que le poids symbolique est lourd à porter pour le fils des Thénardier.

En revanche, les figures qui incarnent l'état déchu de la foule sont toutes irrémédiablement et univoquement marquées par la pourriture définitive de l'intégrité morale. Il s'agit toujours de criminels, comme c'était le cas pour les trois figures positives, mais cette fois de criminels endurcis ![10] pour lesquels il ne reste plus aucun espoir de salut ni de rédemption. Il suffit de penser au couple Thénardier, à la bande des malfaiteurs et aux enfants Thénardier (sauf Gavroche, et, à la fin, Eponine, rachetée par l'amour).

Il est extrêmement curieux que Hugo ne se soit pas soucié de rendre compte de l'*origine* de cette pourriture humaine, alors que le comportement des criminels sympathiques (Jean Valjean, etc.) est toujours innocenté par des contraintes sociales. Pourquoi les Thénardier sont-ils devenus si méchants ? Faut-il invoquer une faute de la société, le péché originel ou un défaut de caractère inné ? Je note en passant que cette contradiction est sans doute due, pour une bonne part, au fait que la description du milieu authentiquement criminel est presque entièrement empruntée à Sue, car Hugo ne le connaît sans doute pas personnellement. Les criminels méchants sont d'autant plus réprouvables qu'ils commettent toujours leurs méfaits pour le mauvais motif : l'argent (et non le pain de Valjean).

Sur ce point Hugo se montre beaucoup plus moralisateur que Balzac. Il ne permet à aucun de ses méchants de sortir de leur misère : argent mal acquis ne profite jamais ! De même il reste insensible à la fascination romanesque de la figure du chef de bande type Vautrin. Voilà pourquoi il n'a pas créé Thénardier en Hercule, comme Vautrin. Thénardier est un renard, non un lion ; il est rusé, mais chétif. Pour Hugo il n'y a aucune grandeur dans la fonction de chef des criminels, parce qu'à l'opposé de Balzac, le pouvoir est chez lui dénué de valeur propre.

La prédominance des criminels parmi les figures qui représentent la foule et surtout l'insistance sur la nature irrémédiablement pervertie de la plupart d'entre eux constitue une belle preuve de la difficulté qu'a ressentie Hugo à réaliser son idée unique. A la vérité, Hugo est excusable, car, dès les années vingt, la peur des prolétaires envenimaient tout débat réformiste sur l'éradication de la pauvreté. Ainsi lit-on en 1828, dans la revue de la Jeune-France, *Ancien Album*, les mots suivants étrangement prophétiques :

> Voyez à quel prix subsiste la splendeur de notre merveilleuse civilisation : une population de proscrits inévitables que la misère, l'inconduite et le crime recrutent incessamment à mesure que la hache du bourreau la décime ; une population de brigands, un Paris souterrain, affreux, horrible [...] vivant au milieu de nous. (Cit. Barbéris 1970, t. II, p. 831)

Quelques années plus tard, c'est Heinrich Heine qui enregistre avec l'acuité du regard d'un étranger l'agressivité des foules ouvrières, qui n'attendent qu'un moment favorable pour dévorer le bourgeois :

> 'Erzähle mir, was du heute gesäet hast, und ich will dir voraussagen, was du morgen ernten wirst!' An dieses Sprichwort des kernichten Sancho dachte ich dieser Tage, als ich im Faubourg Saint-Marceau einige Ateliers besuchte und dort entdeckte, welche Lektüre unter den Ouvriers, dem kräftigsten Teile der untern Klasse, verbreitet wird. Dort fand ich nämlich mehrere Ausgaben von

> den Reden des alten Robespierre, auch von Marats Pamphleten, in Lieferingen zu zwei Sous, die Revolutionsgeschichte des Cabet, Cormenins giftige Libelle, Baboeufs Lehre und Verschwörung von Buonarotti, Schriften, die wie nach Blut rochen ; – und Lieder hörte ich singen, die in der Hölle gedichtet zu sein schienen, und deren Refrains von der wildesten Aufregung zeugten. Nein, von den dämonischen Tönen, die in jenen Liedern walten, kann man sich in unsrer zarten Sphäre gar keinen Begriff machen ; man muss dergleichen mit eigenen Ohren angehört haben, z. B. in jene ungeheuern Werkstätten, wo Metalle verarbeitet werden und die halbnackten, trotzigen Gestalten während des Singens mit dem grossen, eisernen Hammer den Takt schlagen auf dem drönenden Amboss. (30. April 1840, pp. 20 ss)

Or, la preuve de la grandeur créatrice de Victor Hugo est que nul autre écrivain – sauf peut-être Baudelaire dans le poème en prose « Assommons les pauvres » – n'a comme lui su donner voix à cette haine qui opposait les pauvres aux classes nanties. Si son « idée unique » est de détruire la « cave », c.-à-d. la misère opprimant le bas-fond de la société :

> Elle [la cave] s'appelle tout simplement vol, prostitution, meurtre et assassinat. Elle est ténèbres, et elle veut le chaos. Sa voûte est faite d'ignorance.
> Toutes les autres, celles d'en haut, n'ont qu'un but, la supprimer. C'est là que tendent, par tous leurs organes à la fois, par l'amélioration du réel comme par la contemplation de l'absolu, la philosophie et le progrès. Détruisez la cave Ignorance, vous détruisez la taupe Crime. (III, 7, II)

– il sait fort bien que ce beau projet se heurte à la résistance farouche des défavorisés, emmurés dans leur haine des nantis, coupables de tous leurs malheurs. Hugo refuse l'idée marxiste de la lutte des classes (« On a voulu, à tort, faire de la bourgeoisie une classe. La bourgeoisie est simplement la portion contente du peuple »), mais le romancier ne saurait en négliger la réalité psychologique. C'est cette agressivité implacable qu'il a dépeinte dans quelques chapitres inoubliables où Thénardier justifie sa haine de tous ces bourgeois philanthropes qui n'exercent leur charité humanitaire que pour mieux maintenir les pauvres dans une dépendance dévalorisante. Il s'agit de l'intrigue ourdie par Thénardier pour attirer Jean Valjean déguisé en bourgeois aisé secourant généreusement les pauvres dans un guet-apens pour lui extorquer son argent. Dans les chapitre « Le rayon dans la bouge » (III, 8, VIII), les Thénardier attendent la visite du Monsieur énigmatique. C'est l'occasion pour le sinistre Thénardier d'exhaler toute sa haine de déclassé ; il ne veut pas d'aumône, mais de l'argent, seule force sociale authentique :

> – Oh ! que je les hais, et comme je les étranglerais avec jubilation, joie, enthousiasme et satisfaction, ces riches ! tous ces riches ! ces prétendus hommes charitables, qui font les confits, qui vont à la messe, qui donnent dans la prêtraille, prêchi, prêcha, dans les calotins, et qui se croient au-dessus de nous, et qui viennent nous humilier, et nous apporter des vêtements ! comme ils disent ! des nippes qui ne valent pas quatre sous, et du pain ! Ce n'est pas cela que je veux, tas de canailles ! c'est de l'argent ! Ah ! de l'argent ! jamais ! parce qu'ils disent que nous l'irions boire, et que nous sommes des ivrognes et des fainéants ! Et eux ! qu'est-ce qu'ils sont donc, et qu'est-ce qu'ils ont été dans leur temps ? des voleurs ! ils ne se seraient pas enrichis sans cela ! Oh ! l'on devrait prendre la société par les quatre coins de la nappe et tout jeter en l'air ! tout se casserait, c'est possible, mais au moins personne n'aurait rien, ce serait cela de gagné !

La critique que Thénardier adresse à la philanthropie bourgeoise est précise et profonde. L'arrière-plan social est l'amplification de la misère prolétarienne dans la métropole moderne, la multiplication et la facilité d'accès des biens de consommation. Heinrich Heine a parfaitement saisi l'effet d'aliénation et de haine que le luxe des étalages parisiens provoque auprès de la masse des pauvres, à la veille du nouvel an :

> Die Gesichter dieses Publikums sind so hässlich ernsthaft und leidend, so ungeduldig und drohend, dass sie einen unheimlichen Kontrast bilden mit den Gegenständen, die sie begaffen, und uns die Angst anwandelt, diese Menschen möchten einmal mit ihrem geballten Fäusten plötzlich dreinschlagen und alle das bunte, klirrende Spielzeug der vornehmen Welt mitsamt dieser vornehmen Welt selbst gar jämmerlich zertrümmern ! [...] ein gewöhnlicher Flaneur [...] dem wird es zur festen Überzeugung, dass früh oder spät die ganze Bürgerkomödie in Frankreich mitsamt ihren parlementarischen Heldenspielern und Komparsen ein ausgezischt schreckliches Ende nimmt und ein Nachspiel aufgeführt wird, welches das Kommunistenregime heisst. (11. Dezember 1841, pp. 119 ss)

Thénardier n'oublie pas non plus les facteurs de dissolution sociale que sont la laïcisation de la société et la déchristianisation des prolétaires. Sa conclusion est parfaitement logique : il n'y a pas de Dieu. La société ignore la justice et ne respecte que l'argent, c.-à-d. la force, c.-à-d. le crime (« la propriété, c'est le vol »). Par conséquent il est logique et légitime que les pauvres finissent par exterminer (« dévorer ») les riches. S'adressant à Jean Valjean il s'écrie :

> quand vous voulez savoir s'il fait froid, vous regardez dans le journal ce que marque le thermomètre de l'ingénieur Chevalier. Nous ! c'est nous qui sommes les thermomètres ! nous n'avons pas besoin d'aller voir sur le quai au

> coin de la tour de l'Horloge combien il y a de degrés de froid, nous sentons le sang se figer dans nos veines et la glace nous arriver au cœur, et nous disons : Il n'y a pas de Dieu ! Et vous venez dans nos cavernes, oui, dans nos cavernes, nous appeler bandits ! Mais nous vous mangerons ! mais, pauvres petits, nous vous dévorerons ! Monsieur le millionnaire ! (III, 8, XX, « Le guet-apens »)

Pour Valjean, Thénardier est un simple bandit, pour le romancier la réponse n'est pas évidente, car il n'arrive pas à trouver la réponse à la question cruciale : d'où vient la méchanceté de Thénardier ? Est-ce la faute aux riches, comme le chantait moqueusement Gavroche, ou le mal a-t-il des racines autrement sombres dans la constitution de l'univers ?

Dans un tel contexte social de diabolisation des masses urbaines, il n'est pas étonnant que la critique française ait accueilli *Les Misérables* avec réserve ou carrément avec indignation. L'exemple le plus parlant est sans doute celui de Lamartine. En 1847, le futur président de la république sociale, mais non socialiste, dénonçait le système capitaliste dans des termes que n'aurait pas reniés un Enjolras :

> La société a institué la propriété, proclamé la liberté du travail et légalisé la concurrence. Mais la propriété instituée ne nourrit pas celui qui ne possède rien. Mais la liberté du travail ne donne pas les mêmes facultés à celui qui n'a que ses bras pour vivre et à celui qui possède des milliers d'arpents. Mais la concurrence n'est que le code de l'égoïsme et la guerre à mort entre celui qui travaille et celui qui fait travailler. (*Histoire des Girondins*)

Or, après la grande peur de l'insurrection rouge de juin 1848, Lamartine est redevenu le propriétaire, humanitariste sans doute, mais surtout angoissé par la présence à sa porte, dans la rue, de la brute humaine. Voilà ce qui explique son revirement face aux classes populaires – et à Hugo :

> Les Misérables sont un livre tendancieux, un livre d'accusation contre la société, une épopée de la canaille, l'apothéose de la révolte, de la Révolution qu'ils glorifient jusque dans la pire des erreurs. (Cit. Andersen 1968, p. 13)

Et auteurs de droite ou ralliés au régime d'entonner en chœur l'antienne catholique de Louis Veuillot, qui ne faisait d'ailleurs que reprendre l'objection faite par le côté croit au discours hugolien de 1849 sur la misère :

> Beaucoup de mauvaises idées en détestable style. La faim, la souffrance et l'inégalité existent sans possibilité d'être abolies (1862, cit. Andersen 1968, p. 11).[11]

Il faut admettre que le roman prête le flanc à une telle critique à cause de l'ambiguïté de son « idée unique ». Cette ambiguïté se retrouve dans la notion de progrès, très souvent traitée dans le roman (par exemple III, 1, XII et V, 1, XX)[12]. Cependant Hugo n'arrive jamais à s'expliquer clairement sur le rapport entre progrès physique et progrès moral. Comme le disait Baudelaire, le progrès physique n'a évidemment aucun intérêt humain s'il n'est accompagné d'un progrès moral. Or, Hugo se rendait parfaitement compte que le progrès matériel n'aide en rien à améliorer en profondeur la condition humaine. Si on peut améliorer les conditions physiques de l'existence, on ne pourra jamais rien contre la douleur, les blessures morales que nous inflige impitoyablement cette vie même.[13] On voit que la distinction que l'homme politique de 1849 établissait entre souffrance et misère continue à rester valable pour le romancier de 1861. Mais on voit aussi que celui-ci, qui a définitivement abandonné la religion chrétienne, reste troublé quant à la valeur du progrès matériel. En effet, pour approuver inconditionnellement celui-ci, il faut être persuadé de la matérialité de l'être humain et de l'absence de forces méchantes tant au-dedans de nous que dans l'univers. Or, nous venons de voir que, pour le romancier la corruption des criminels exclut toute idée de rédemption (à moins d'un miracle comme seul Mgr Myriel en est capable).

Un autre exemple des hésitations philosophiques de Hugo quant à la réalisation de son « idée unique » est l'opposition entre le programme politique fort réaliste esquissé par le penseur social qui prend si souvent la parole dans *Les Misérables* et le programme utopique d'Enjolras. Dans le chapitre intitulé « Lézardes sous la fondation » (IV, 1, IV), Hugo expose un programme politique fort concret, programme que la postérité a en outre prouvé remarquablement réaliste, puisqu'il est aujourd'hui pratiquement réalisé dans les pays occidentaux !

D'abord on constate que Hugo place entièrement le débat sur le terrain de l'économie :

> Tous les problèmes que les socialistes se proposaient, les visions cosmogoniques, la rêverie et le mysticisme écartés, peuvent être ramenés à deux problèmes principaux :
> Premier problème :
> Produire la richesse.
> Deuxième problème :
> La répartir.

On ne saurait être plus clair – ni plus moderne ! Pour Hugo, il faut rejeter l'égalitarisme, qui aboutira immanquablement à la paupérisation, mais en revanche, il faut démocratiser la propriété, il faut réglementer l'exploitation de l'homme par l'homme, instituer l'instruction publique, gratuite et obligatoire ; il faut créer un système de protection sociale, et il faut enfin promouvoir le développement de la science, source de richesse et de bien-être pour tous. Les paroles de Hugo aurait pu être celles de n'importe quel homme politique d'aujourd'hui :

> Résolvez deux problèmes, encouragez le riche et protégez le pauvre, supprimez la misère, mettez un terme à l'exploitation injuste du faible par le fort, mettez un frein à la jalousie inique de celui qui est en route contre celui qui est arrivé, ajustez mathématiquement et fraternellement le salaire au travail, mêlez l'enseignement gratuit et obligatoire à la croissance de l'enfance et faites de la science la base de la virilité, développez les intelligences tout en occupant les bras, soyez à la fois un peuple puissant et une famille d'hommes heureux, démocratisez la propriété, non en l'abolissant, mais en l'universalisant, de façon que tout citoyen, sans exception soit propriétaire, chose plus facile qu'on ne croit, en deux mots sachez produire la richesse et sachez la répartir ; et vous aurez tout ensemble la grandeur matérielle et la grandeur morale ; et vous serez dignes de vous appeler France.[14]

Plaçons maintenant en regard le discours enflammé qu'Enjolras adresse à ses camarades qui se préparent à mourir sur la barricade (V, 1, V). Enjolras n'a évidemment pas l'intention de proposer un programme politique, mais d'évoquer une vision de la société future. Or, celle-ci ressemble étrangement à la chambre des horreurs des terroristes européens du second tiers du XXe siècle – ou à la société de l'Etre Suprême de Robespierre. On constate que même le discours utopique de Victor Hugo rend un son étrangement moderne. Enjolras fait appel à la technique pour sauver le monde, mais il cède aux sirènes saint-simoniennes en prônant la vertu du gouvernement de la science. Cependant, c'est quand la pensée utopique aborde l'aspect spirituel de la société future que le raisonnement dérape dangereusement. Incapable de concilier liberté individuelle et égalité sociale, Enjolras a recours au remède sinistre des staliniens : la justice par la force. Ce sera le « réel gouverné par le vrai » ! Ainsi le programme d'Enjolras conduit tout droit à l'autre grand système politique du XXe siècle : le terrorisme d'Etat. Il faut en effet délivrer l'humanité de ce qu'elle a d'humain (de faillible) ; on lui procurera le bonheur, mais ce sera le bonheur du mouvement gelé, bref de la mort. C'est ce qu'a pressenti Hugo (sans doute sans se rendre compte de l'ampleur des conséquences de son raisonnement) en faisant proclamer à Enjolras le paradis définitif en ces termes :

> Citoyens, le dix-neuvième siècle est grand, mais le vingtième sera heureux. Alors plus rien de semblable à la vieille histoire ; on n'aura plus à craindre, comme aujourd'hui, une conquête, une invasion, une usurpation, une rivalité

> de nations à main armée, une interruption de civilisation dépendant d'un mariage de rois, une naissance dans les tyrannies héréditaires, un partage de peuples par congrès, un démembrement par écroulement de dynastie, un combat de deux religions se rencontrant de front, comme deux boucs de l'ombre, sur le pont de l'infini ; on n'aura plus à craindre la famine, l'exploitation, la prostitution par détresse, la misère par chômage, et l'échafaud, et le glaive, et les batailles, et tous les brigandages du hasard dans la forêt des événements. On pourrait presque dire : il n'y aura plus d'événements. On sera heureux. Le genre humain accomplira sa loi comme le globe terrestre accomplit la sienne ; l'harmonie se rétablira entre l'âme et l'astre.

Empruntant le langage d'un illuminé mystique, Enjolras fait reluire à l'horizon de la révolution l'espoir de la vie éternelle, transformée en Paradis sur terre : « Oh ! le genre humain sera délivré, relevé et consolé ! » En effet, dans l'utopie d'Enjolras « il n'y aura plus d'événements ! ».

La figure pathétique d'Enjolras synthétise admirablement les aspirations humanitaires de la génération romantique, aspirations sympathiques, mais combien dangereuses. Le désir trouble de changer le monde et, surtout, de changer de monde qui poussait les jeunes gens des années 30 à fomenter des complots et des révoltes a été admirablement saisi par Jules Sandeau dans un roman, *Marianna*, publié à Bruxelles en 1839 :

> Paris sentait encore la poudre : c'était encore dans ses murs comme un lendemain de bataille. La révolte était dans l'air et l'émeute partout : dans les rues, dans les livres, aux théâtres. Il y avait dans tous les esprits un besoin fiévreux de trouble et d'agitation qui se prenait à toute chose. [...] Toutes les places regorgeaient de législateurs de vingt ans, qui trouvaient le Christ un peu vieilli et voulaient bien le suppléer dans le soin de diriger l'humanité. (p. 94) [15]

Ce n'est pas un hasard si l'utopie d'Enjolras se termine sur le rêve du bonheur pour tous, héritage des Lumières qui sera le fantasme de toute une époque : « Le XXe siècle sera heureux. »

Dans son essai stimulant sur la réflexion sociale dans le roman du XIXe siècle, *Les aveux du roman*, Mona Ozouf s'interroge à juste titre sur la nature du souverain bien dans l'œuvre de Hugo, en analysant la fin ambiguë des *Misérables*. Celle-ci repose en effet, dans toute son ampleur troublante, le problème du discours sur la misère (1849) : quel est le rapport entre souffrance et progrès ?

Dès *Notre-Dame de Paris*, au moins, Hugo n'a cessé de chercher un équilibre entre la fatalité, la mystérieuse « anankè » inscrite sur le mur de l'étude de Frollo, et le libre arbitre exalté dans *Les Misérables*. Dans ce dernier roman, c'est la notion de progrès qui constitue la pierre d'achoppement incontournable du philosophe. Si c'est vrai, comme le romancier ne cesse de clamer, que, contre vents et marées, l'humanité poursuit sa marche prédestinée vers un avenir lumineux, cela veut dire qu'il fonde en réalité le progrès sur la main invisible de Dieu et de sa providence. Dans ce cas, quel serait le rôle de l'homme et de sa liberté dans ce processus ? Sauf celui de souffrir, d'accepter passivement sa douleur ou de se sacrifier, comme ce sera effectivement le destin de Jean Valjean à la fin de l'immense roman. « Rien n'est clair dans cette rencontre de Dieu et des hommes », note lucidement Mona Ozouf (*op. cit.*, p. 176).

Il y a en effet deux conclusions aux *Misérables*. La première, celle du grand roman populaire, est une fin à l'eau de rose : les deux jeunes se retrouvent, et leurs retrouvailles sont célébrées dans une atmosphère de réconciliation générale, réconciliation qui semble fondre toutes les antinomies en une synthèse optimiste.

Mais cette heureuse résolution de l'opposition entre anankè et liberté est démentie par le sort réservé au vieux Jean Valjean. Celui qui a employé toutes les ressources de sa vie d'homme libre à assurer le bonheur de sa fille adoptive ne moissonne, son but atteint, que l'amertume de l'abandon et de l'oubli. A la fin de sa vie, l'homme libre renoue avec la souffrance qui en avait marqué le début comme esclave opprimé. Dans ce destin il n'y a nul progrès, mais, au contraire, une exaltation de la grandeur spirituelle du sacrifice, symbolisée par les chandeliers de Monseigneur Myriel, le talisman mystique qui a accompagné Valjean tout au long de sa carrière mouvementée. Cette carrière connaît justement des hauts *et* des bas ; sa seule ligne directrice, si elle en a une, est la spiritualisation de l'homme par le sacrifice et l'élévation de l'âme vers un règne supérieur, spiritualisation à laquelle on ne parvient qu'en sacrifiant sa liberté à une communauté humaine mystique. En fait, la fin du roman reprend, dans une perspective spiritualiste, le thème exemplifié par le sort d'Enjolras : la tragédie du héros martyr de la révolution, thème développé dans *L'Homme qui rit*.

C'est ainsi à juste titre qu'Ozouf constate que « toute la fin du roman baigne dans une tristesse sans remède » (*op. cit.*, p. 180). Dans la perspective de la philosophie des Lumières, philosophie avec laquelle Hugo a entretenu sa vie durant une discussion permanente, on peut dire que la grande question laissée en plan dans cette fin de roman est celle de la nature du souverain bien. Est-il suffisant de proclamer avec les révolutionnaires de tous bords que la fin ultime de la vie humaine est le bonheur individuel ? Marius et Cosette vont être heureux – mais est-ce vraiment là la solution de tous les graves problèmes sociaux analysés dans le roman ? Evidemment non ![16]

Non seulement Hugo sait pertinemment que le bonheur est insuffisant à donner sens à l'existence, mais il souligne le profond danger qu'il y aurait à s'en tenir à cette définition du but de l'action sociale et du souverain bien. Evoquant au début du neuvième et dernier livre de la cinquième partie le bonheur amoureux du couple Marius-Cosette, il ne peut omettre de mettre en garde contre toute conclusion facile qu'un lecteur avide de mensonges rassurants pourrait tirer de son roman :

> C'est une terrible chose d'être heureux ! Comme on s'en contente ! Comme on trouve que cela suffit ! Comme étant en possession du faux but de la vie, le bonheur, on oublie le vrai but, le devoir ! (V, 9, I)

Morten Nøjgaard
Université du Danemark-Sud, Odense

Notes

1. Voir la préface de *L'Homme qui rit* : « Le vrai titre de ce livre serait *l'Aristocratie*. Un autre livre, qui suivra, pourra être intitulé *la Monarchie*. Et ces deux livres, s'il est donné à l'auteur d'achever ce travail, en précéderont et en amèneront un autre qui sera intitulé : *Quatrevingt-treize* » (ŒC, t. XIV, p. 27).
2. Rappelons que par ce terme Wagner désignait plutôt une œuvre réunissant tous les arts (musique, danse et parole) qu'une peinture totale de l'histoire de l'univers et de l'humanité.
3. L'orateur est acclamé par le côté gauche de la salle, mais interpellé par les « Comment ? » indignés de ceux qui siègent à droite.
4. En 1861, Hugo est devenu « socialiste », comme nous le verrons.
5. Voilà justement le titre adopté au Danemark pour l'édition populaire (fortement abrégée) des *Misérables* : « Galejslaven » (le galérien), 1898.
6. A cause de l'exil, le roman ne fut pas publié en feuilleton en 1862.
7. « Je résisterai à la fluctuation sceptique, de quelque part qu'elle vienne, et l'on ne m'arrachera pas plus, d'un côté, mon amour du peuple que, de l'autre, ma foi en Dieu » (cit. Peyre 1972, p. 59).
8. Il est significatif que Heinrich Heine regardât Sand comme l'écrivain le plus important de son temps, alors qu'il trouvait Hugo ampoulé et froid. Voir *Lutezia*, 30. April 1840, pp. 30 ss.
9. Cf. Bénichou 1988, pp. 435 ss.
10. L'œuvre de Balzac nous présente le bas peuple exactement de la même façon. La plèbe des villes (je ne parle pas des domestiques) ne se différencie pas des animaux sauvages, et sa promotion sociale, figurée par Vautrin, ne conduit qu'à en décupler la nocivité.
11. Fort curieusement, le roman fut dénigré par Flaubert pour exactement les raisons inverses. Flaubert pensait que le livre des *Misérables* était fait pour la « racaille catholico-socialiste » (cit. Ozouf 2001, p. 156), c.-à-d. pour tous les croyants !

12. Selon la *Préface philosophique* (1860), que Hugo renonça à publier, le but du roman est de peindre le progrès aussi bien moral que physique : « [...] cette tentative implique une double foi : foi à l'avenir de l'homme sur la terre, c'est-à-dire à son amélioration comme homme ; foi à l'avenir de l'homme hors de la terre, c'est-à-dire à son amélioration comme esprit » (deuxième partie, note XVI, *ŒC*, t. XII, p. 71).
13. Cf. Ozouf 2001, pp. 174 ss.
14. Je note en passant que Hugo appelait de ses vœux la création des Etats-Unis d'Europe , comme on le voit par exemple dans la préface au *Guide de l'exposition de 1867* ; son programme politique, on le voit, reste actuel, sinon pleinement réalisé : « Au vingtième siècle, il y aura une nation extraordinaire. Cette nation sera grande, ce qui ne l'empêchera pas d'être libre » (*ŒC*, t. XII, t. 573). « Elle aura pour capitale Paris, et ne s'appellera point la France. Elle s'appellera l'Europe. [...] Le continent fraternel, tel est l'avenir » (t. XIII, p. 576).
15. Ce n'est pas seulement dans son roman que Hugo s'est montré attiré par la tentation totalitaire. Ainsi il a déclaré, dans un de ses nombreux passages péremptoires, qu'il souhaite une « société sans loi, humanité sans frontières, religion sans livres ». Or, nous savons bien, aujourd'hui, qu'une telle utopie ne fait que donner la voie libre à l'arbitraire de la force brute : « oui, une société qui admet la misère, une religion qui admet l'enfer, oui, une humanité qui admet la guerre, me semblent une société, une religion et une Humanité inférieures, et c'est vers la société d'en haut et vers la religion d'en haut que je tends : société sans loi, humanité sans frontières, religion sans livres » (cit. Andersen 1968, p. 226).
16. Il est significatif que lorsque Cérésa reprend, dans sa continuation intelligente des *Misérables*, l'histoire de Cosette et de Marius, il parte de l'inévitable insuffisance d'une telle conception du bonheur individuel. Il montre en effet qu'un sourd désaccord ne tardera pas à s'installer entre ce couple dont le bonheur flotte sur une mer de souffrance.

Bibliographie

Hugo, Victor (1969-1972) : *Œuvres complètes*, t. I-XVI. Club Français du livre, Paris.

Andersen, F. (1968) : Victor Hugo. Extraits présentés par ... Didier, Paris.

Barbéris, P. (1970) : *Balzac et le mal du siècle. Contribution à une physiologie du monde moderne*, I-II. Gallimard, Paris.

Bénichou, P. (1988) : *Les mages romantiques*. Gallimard, Paris.

Cérésa, F. (2001) : *Cosette ou le temps des illusions*. Plon, Paris.

Heine, H. (1974) : *Lutezia* (1841-42). Säkularausgabe, Bd. 11. Akademie-Verlag, Berlin.

Lamartine, A. de (1847) : *Histoire des Girondins*. Ed. Furne et Coquebert, t. VI, Paris.
Levin, P. (1901-1902) : *Victor Hugo*, I-II. Gyldendal, Copenhague.
Ozouf, M. (2001) : *Les aveux du roman. Le 19ᵉ siècle entre ancien régime et révolution*. Fayard, Paris.
Peyre, H. (1972) : *Hugo*. PUF, Paris.
Schmitt, J.-Cl. (2001) : *Le corps, les rites, les rêves, le temps*. Gallimard, Paris.

Genèse en archipel
La création à l'œuvre dans *Les Travailleurs de la mer*

par

Delphine Gleizes

L'isolement de l'archipel anglo-normand dans lequel Victor Hugo poursuit son œuvre de l'exil inspire à l'écrivain *Les Travailleurs de la mer*, roman des années 1865-1866, dont l'âpreté de contours sans concession n'est pas sans rappeler celle des blocs de granit sur les écueils. Cette épopée maritime moderne, où un matelot de l'ancien temps vient à la rescousse, en dépit des tempêtes, d'un bateau à vapeur échoué sur les récifs, semble de prime abord analogue au décor qu'elle décrit : elle émerge, intangible création qui paraît issue de nulle part, comme les rochers Douvres au milieu de l'immensité pélagienne. La perfection de l'œuvre définitive, de par sa structure, de par son style, fait oublier qu'elle a connu une lente genèse, faite de superpositions, de remaniements successifs et de fragments agglomérés. Les brouillons et avant-textes pourtant, donnent à lire une autre histoire faite de hasards maîtrisés et d'inventions soudaines. C'est qu'en effet l'œuvre hugolienne, et peut-être au-delà de l'exemple des *Travailleurs de la mer* évoqué ici, se donne à voir comme animée d'une dynamique fondatrice. Composite à son origine et cherchant son inspiration dans de multiples fragments que lui offrent l'observation de la réalité et l'imagination du poète, cette œuvre apparaît traversée par une énergie qui tour à tour réduit l'hétérogène et joue de forces centrifuges. Et c'est peut-être l'un des traits de l'esthétique hugolienne que de ne concevoir l'œuvre achevée que comme une œuvre ouverte, monument qui reconnaît et éprouve l'existence de sa possible ruine.

Ambivalence du fragment

Au commencement de l'œuvre se trouve donc le fragment. Le terme cependant recèle une ambiguïté qui est constitutive de la création hugolienne et pourrait-on dire de toute création littéraire. Au sens le plus courant, le fragment postule un morceau détaché d'un tout. De ce point de vue, de nombreux éléments constitutifs du roman sont des fragments de la réalité que le texte cherche à s'approprier et à transformer. De ce point de vue encore, les carnets sont le lieu où s'enregistre ce réel fragmentaire, le recueil épars de futurs matériaux romanesques.

Fragments du réel.
Lorsque Victor Hugo part sur l'île de Serk pour mener une enquête documentaire préalable à l'écriture des *Travailleurs de la mer,* il écrit à son fils Charles vouloir prendre « les notes du roman futur »[1]. En ce sens, le fragment joue un rôle dans la création littéraire en tant qu'il est un agent de la décomposition du réel par l'écrivain et de sa recomposition romanesque. Hugo était parfaitement conscient de ce phénomène et donne à lire, dans le chapitre liminaire des *Travailleurs de la mer,* intitulé *L'Archipel de la Manche,* une analyse des forces de fragmentation et de sédimentation à l'œuvre dans la création, que cette création soit celle de la nature ou celle de l'œuvre d'art. Faisant écho aux considérations de *Consolidation et Défense du littoral*[2], *L'Archipel de la Manche* est en effet consacré à l'histoire d'une genèse, celle des îles anglo-normandes, qui s'opère à partir d'un socle, d'un substrat originel et qui, par recouvrement marin et superposition, crée une complexité à la fois créative et chaotique. Les îles de la Manche sont dès lors données comme un fragment détaché du continent par les forces de la nature. Ce texte néanmoins n'est pas seulement une chronique géologique de l'archipel ; il apparaît simultanément comme un commentaire des processus de création artistique. L'analogie avec le travail d'écriture s'y lit avec évidence :

> La beauté a ses lignes, la difformité a les siennes. [...] La désagrégation fait sur la roche les mêmes effets que sur la nuée. Ceci flotte et se décompose, ceci est stable et incohérent. Un reste d'angoisse du chaos est dans la création. [...] Toutes les lignes sont brisées dans le flot, dans le feuillage, dans le rocher, et on ne sait quelles parodies s'y laissent entrevoir.[3]

L'Archipel de la Manche indique ainsi comment le travail de fragmentation et d'agglomération fait partie de la dynamique de la création. De fait, les carnets de voyages ou de notes hugoliens sont les lieux d'une collecte d'un matériau épars, glané çà et là en observant la réalité : inventaire de noms de plantes rencontrées en herborisant, topographie des îles de l'archipel, dialecte local. Autant de fragments d'une société anglo-normande que reflète par exemple le carnet de voyage à l'île de Serk rédigé au printemps 1859[4].

Ebauches du roman.
Pour autant, ce modèle n'est pas le seul à prévaloir. Bien des notations comprises dans les carnets hugoliens sont les éléments, tout droit sortis de l'imagination, d'une intrigue romanesque en cours de constitution. Ce que l'on peut dès lors appeler fragment, d'un point de vue génétique, est en fait une ébauche, qui renverse l'ordre chronologique et les perspectives qui s'y rattachent. Elle n'est plus un fragment détaché d'un tout préexistant mais l'anticipation d'une œuvre en gestation. Dans ces ébauches, l'écrivain élabore intrigues, dialogues, ou personnages imaginaires. Et le caractère fragmentaire de l'ébauche ne se conçoit que par rapport à l'ensemble encore virtuel de l'œuvre à constituer. Les carnets de notes pour *Les Travailleurs de la mer* abondent par exemple en réflexions concernant ce que Hugo appelle des « types » et qui sont comme les formes embryonnaires des personnages du roman. Quelques notations fort brèves anticipent, dans les brouillons, la conception de Gilliatt, de Clubin ou de Lethierry. L'écrivain cherche moins la complexité du caractère que l'épure d'un comportement, le principe initial qui fait se mouvoir le personnage. L'esquisse, qui consiste souvent en l'évocation d'une situation cruciale ou d'un trait de comportement révélateur, pose les bases de la complexité à venir :

> L'homme qui vit seul – type.[5]
> Gilliatt qui marche dans la nuit.[6]

Le caractère solitaire de Gilliatt, sa profondeur visionnaire semblent en germe dans ces notations sibyllines. Mais cette épure n'est pas une abstraction ; elle acquiert déjà une forme narrative, si sommaire soit-elle. Elle demeure de surcroît béhavioriste et ne pénètre pas, comme l'ont montré Guy Rosa et Myriam Roman[7], dans ce qui pourrait être la conscience du personnage.

Les mêmes analyses pourraient être menées à propos de sieur Clubin que Hugo, dans son carnet de travail, décrit de la manière suivante :

> Sieur Clubin était l'homme qui attend l'occasion. Il était froid, sobre, laconique. S'il trouvait un jour une épingle, il en cherchait le propriétaire pour la lui rendre. Le visage probe avec parfois un pincement de lèvres attentif.[8]

La première phrase de ce passage synthétise le principe qui régit le personnage et dont découlera ensuite le drame : tout le roman mettra en scène en effet la façon dont Clubin attend et saisit l'occasion. La suite de la notation relève déjà de l'exploitation narrative de cette détermination initiale. Ces ébauches, entendues comme fragment au sens génétique du terme, anticipent l'œuvre comme tout ; elles sont moins à envisager sur un mode parcellaire que comme riches de potentialité créatrice.

Cette même potentialité créatrice se retrouve dans l'œuvre graphique de l'écrivain lorsque le travail trouve à s'élaborer à partir d'un détail qui joue le rôle de catalyseur. « C'est à l'infiniment petit, disait Hugo dans *Philosophie*, que commence l'énormité de la mer »[9]. Cette habitude de Victor Hugo dessinateur, qui laissait ébahis les spectateurs des séances de dessin, a d'ailleurs été décrite par son fils Charles :

> Une fois le papier, la plume et l'encrier apportés sur la table, Victor Hugo s'assied, et, sans esquisse préalable, sans parti pris apparent, le voilà qui dessine avec une sûreté de main extraordinaire, non pas l'ensemble, mais un détail quelconque du paysage. Il commencera sa forêt par une branche d'arbre, sa ville par un pignon, son pignon par une girouette.[10]

La capacité à commencer l'œuvre par un détail paraît bel et bien une caractéristique de la création hugolienne. Le dessin intitulé « L'Esprit de la tempête devant Gilliatt » inséré dans le manuscrit des *Travailleurs de la mer* est l'illustration de cette pratique du détail décrite par Charles Hugo. Il existe en fait, comme l'a montré Pierre Georgel[11], deux versions de ce dessin qui représente un visage aux longs cheveux dressés et éparpillés par la violence du vent. La première [Fig. 1][12] est une esquisse : le trait est moins affirmé, le visage a moins de cohérence. La seconde version [Fig. 2][13] est, selon toute vraisemblance, une mise au propre des recherches formelles esquissées dans la première et renvoie dans le texte romanesque au passage où Hugo évoque « l'Œil de Tempête » :

> C'est à cet instant-là qu'au plus noir de la nuée apparaît, on ne sait pourquoi, pour espionner l'effarement universel, ce cercle de lueur bleue que les vieux marins espagnols nommaient l'Œil de Tempête, el ojo de tempestad. Cet œil lugubre était sur Gilliatt.[14]

Que le premier dessin soit antérieur ou postérieur à la rédaction du chapitre est difficile à discerner. Mais il est en tout cas peu probable qu'il ait été commencé avec une intention bien précise. En effet, Hugo semble laisser vaguer son imagination, comme le prouve le support du dessin. Le visage, commencé sur une feuille, déborde en cours de réalisation le cadre du papier et oblige Hugo – qui avait alors sans doute l'intention de dessiner la longue chevelure dressée qui fait le caractère du personnage à poursuivre son travail sur une autre feuille. Le second support a ensuite été assemblé au premier et collé, légèrement décalé. Le dessin a ainsi pris naissance à partir d'un détail, développé comme l'on tire le fil d'une idée et comme si le motif sollicitait de lui-même l'expansion de sa forme.

La genèse de l'œuvre hugolienne procède donc tout naturellement de fragments, mais de fragments aux statuts divers, qu'il s'agisse de matériaux

Genèse en archipel

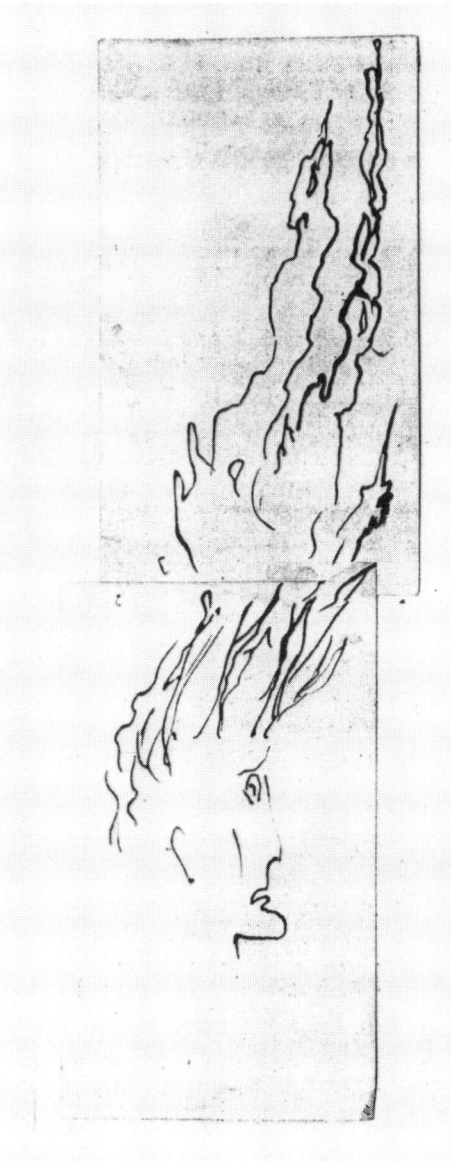

Fig. 1 [L'esprit de la tempête]
Ebauche, Plume et encre brune sur deux feuillets assemblés et collés,
coll. part., Massin, t. XVII, n° 484.

Fig. 2 L'Esprit de la tempête devant Gilliatt
Dessin n° 29, *Les dessins de Victor Hugo pour le manuscrit des Travailleurs de la mer* (P. Georgel, Paris, éd. Herscher, 1985).
B.N. n.a.f. 24745, f° 358 r°, Massin, t. XVIII, n° 728.

documentaires enregistrés par l'écrivain dans le cadre de ses carnets de travail ou d'ébauches, prémices de l'œuvre à venir. Ajoutons enfin que ces deux statuts ici dissociés pour les besoins de l'analyse peuvent également se trouver conjoints.

Réduction de l'épars
Lorsqu'il évoquait dans *L'Archipel de la Manche* la genèse des îles anglo-normandes par le ressac, Victor Hugo parlait d'un processus d'éparpillement et d'agrégation. Et en effet, le travail de la création, qu'elle soit naturelle ou littéraire, se donne comme une dialectique du fragment et de l'ensemble et obéit tout à la fois aux impératifs de l'homogénéisation et aux jeux de la dispersion. Ce fonctionnement de la création a été, à de multiples reprises, métaphorisé par l'écrivain. A côté du modèle géologique qui vient d'être évoqué, il développe les modèles mécanique et organique en poursuivant une analogie entre l'œuvre littéraire et la machine à vapeur. Déjà, en 1861, *Les Misérables* se trouvaient comparés à un navire-monstre qui s'apprête à affronter l'océan : « C'est mon Léviathan que je vais lancer à la mer, il a sept mâts, cinq cheminées, les roues ont cent pieds de diamètre [...] ; cela ne pourra entrer dans aucun port et devra braver toutes les tempêtes, toujours en pleine mer »[15]. Comme en écho, la description de la Durande dans *Les Travailleurs de la mer* emprunte simultanément au vocabulaire des sciences naturelles et des arts : c'était « à coup sûr, [...] une ébauche. Cela ne l'empêchait pas d'être un chef-d'œuvre. Tout embryon de la science offre ce double aspect ; monstre comme fœtus ; merveille comme germe[16] ». Ces citations sont l'indice d'une analogie de fonctionnement entre le « bateau-livre » et la machine à vapeur. Les deux modèles convoqués ici – le modèle organique (embryon, germe, fœtus) et le modèle mécanique (machine, roues, cheminées) – au-delà de leurs différences ont un point commun, celui d'assurer leur existence et leur développement selon un processus d'autorégulation rétroactive. Hugo, en effet, parle de la Durande comme d'un prototype expérimental, constitué d'éléments rapportés et qui doivent malgré tout – et organiquement – fonctionner ensemble. C'est un bateau inventé de toutes pièces, avec sa coque trop lourde qu'il faut compenser par une voilure d'appoint, sa cheminée dont on doit réduire la hauteur, ses roues à aubes qui offrent trop de résistance ; c'est une élaboration expérimentale qui s'autorégule par effet de rétroaction jusqu'à atteindre le point d'équilibre et de fonctionnement optimal. Ce modèle semble bien opératoire pour parler de la création de l'œuvre littéraire qui procède également à un travail de réduction de l'hétérogène et de mise en conformité

des éléments épars dont il faudrait à présent étudier quelques exemples génétiques.

Elaborations.
Le travail d'homogénéisation peut tout d'abord s'effectuer à l'échelle d'un motif. Un fragment de la réalité, saisi d'après nature, se trouve dès lors intégré à l'univers plastique ou romanesque de l'écrivain. C'est particulièrement le cas, dans ces années d'exil où l'exiguïté des îles lui présentait sous les yeux les mêmes sujets de méditation et de création. L'analyse de ces séries de motifs récurrents, de même inspiration que ceux des *Travailleurs de la mer,* livre certaines clés concernant les techniques de remploi utilisées dans l'élaboration de l'œuvre romanesque. Il existe par exemple de la « Machine de l'*Edinburg*[17] *Castle* » deux versions à la vérité bien différentes. Tout d'abord, un croquis exécuté à la mine de plomb [Fig. 3][18], alors que Hugo va bientôt quitter Jersey pour Guernesey. Ce dessin représente la machine d'un paquebot en cale sèche ; quelques détails figurés autour du motif principal indiquent la présence de tonneaux, de cales matérialisant l'espace du port sur lequel la machine est installée. Le deuxième dessin [Fig. 4] est un lavis à l'encre brune, comportant des frottis de fusain[19]. A partir de cette machine à l'état déjà fragmentaire, Hugo crée un motif qui s'associe à l'univers maritime de l'exil. La « Machine de l'*Edinburg Castle* » est recadrée dans un espace qui n'est pas celui de ses conditions initiales. Les vestiges du navire se retrouvent noyés dans une nuit d'encre noire et brune qui confère une homogénéité extraordinaire à la scène. Le bateau n'est plus à sec ; il est en pleine mer. Hugo a même donné à l'espace maritime une nouvelle densité en insérant dans le fond, à côté de la machine, un petit navire à voile. L'obscurité environnante, qui contraste singulièrement avec le dépouillement du croquis exécuté à la ligne claire, offre à la scène une présence quasi fantomatique. L'émergence massive de la « Machine de l'*Edinburg Castle* » n'est pas sans faire songer aux rochers isolés qui jalonnent la Manche, autres fragments issus de l'univers océanique de l'exil, comme le Rocher Ortach [Fig. 5][20] par exemple. Le travail que fait subir Hugo aux détails quotidiens de la vie jersiaise relève d'une assimilation du réel à des fins créatrices. Le voile noir qui entoure de ténèbres la « Machine d'*Edinburg Castle* » est analogue à l'homogénéisation subie par les données du réel lorsqu'elles deviennent peu à peu matériau de l'imaginaire. Le fragment s'agglomère au tout selon des opérations de recadrage, de transfert et pourrait-on dire de « dépaysement ».

Le travail d'homogénéisation peut encore s'effectuer à l'échelle du récit romanesque. Les mécanismes de la narration sont alors mis en conformité

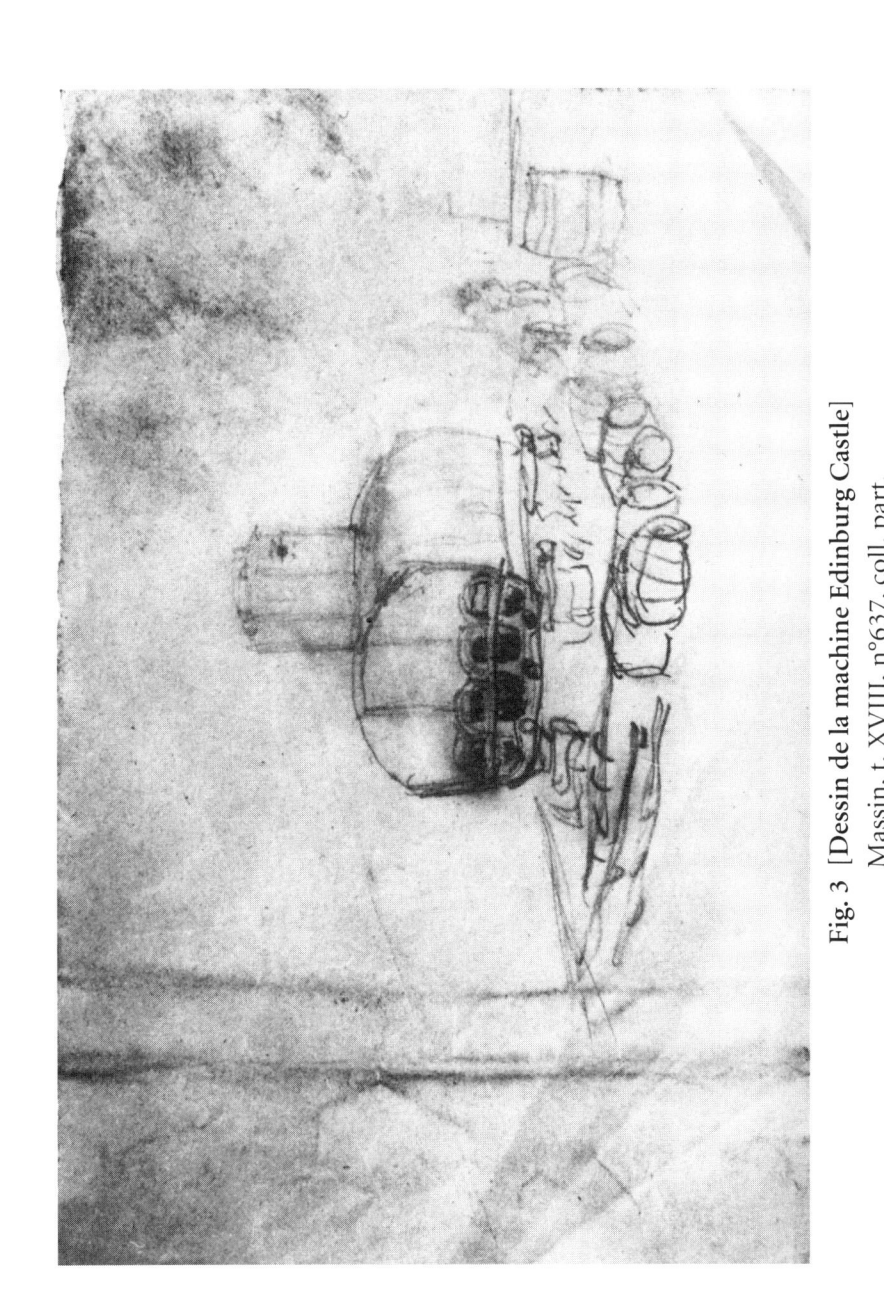

Fig. 3 [Dessin de la machine Edinburg Castle]
Massin, t. XVIII, n°637, coll. part.

Fig. 4 [La machine de l'Edinburg Castle]
B.N., album n.a.f. 13351, f° 9, Massin, t. XVIII, n° 638.

Fig. 5 Le rocher Ortach

Dessin n° 2, *Les dessins de Victor Hugo pour le manuscrit des Travailleurs de la mer, op. cit.*, B.N. n.a.f. 24745, f° 44 v°, Massin, t. XVIII, n° 705.

selon un principe rétroactif, celui-là même qui avait permis la construction du prototype de la Durande. L'écrivain est par exemple revenu à plusieurs reprises sur l'épisode du sauvetage de la machine à vapeur, modifiant à chaque fois des détails pour assurer le fonctionnement de l'ensemble de l'intrigue. Le problème majeur concernait l'évacuation de la machine à vapeur, détachée de l'épave et déposée dans la cale de la Panse, le bateau de Gilliatt. Déjà dans les carnets de travail, Hugo s'interroge : « La question de la machine. – Pour démonter les roues, c'était possible. Démonter la machine, non. Démontrer l'impossibilité. [...] Que faire ? »[21]. C'est à partir de ce questionnement que s'élabore une ligne de conduite pour la rédaction des chapitres : le marin devra faire glisser le mécanisme du bateau à vapeur à l'aplomb de son navire. Mais de nouvelles difficultés surgissent alors aux yeux de l'écrivain : une telle opération n'est possible que si la cheminée de la machine est restée droite, et qu'elle ne gêne pas le transfert. De temps à autre, Hugo visualise le texte pour vérifier la validité du récit : il réalise un lavis représentant l'écueil des Douvres et la Durande prise entre les rochers[22]. Plus tard, il écrit ces quelques lignes à côté du lavis :

> dans ce dessin, de même que sur le / frontispice, j'ai trop penché / la cheminée, entrevue de la Durande échouée. elle doit être beaucoup plus / droite.

Le détail sera dès lors rectifié dans le texte définitif. Il en va de même pour un autre dessin [Fig. 6][23] représentant plus précisément l'épave du bateau à vapeur dans les Douvres. Là aussi, la cheminée est penchée et l'écrivain note en marge :

> Quand j'ai fait ce dessin / je n'avais pas encore pris le / parti de faire arracher les mâts / de la Durande par la tempête. / V.H.

De l'aveu même de l'auteur, le dessin serait antérieur à la rédaction des chapitres qui mentionnent ce dégât occasionné par la tempête[24]. Dans ce cas précis, on peut donc considérer que dessin et texte fonctionnent de façon concomitante dans l'élaboration du roman, le dessin permettant de visualiser l'idée conçue par l'écrivain, et le texte agissant en retour sur les détails du dessin. C'est ce contrôle rétroactif de la narration qui permet d'harmoniser les détails et de les intégrer à l'ensemble romanesque.

Disséminations.
Mais ce travail d'homogénéisation ne s'exerce pas sans une certaine violence[25], force d'arrachement qui fait que les mâts se trouvent emportés par la tempête. Il y a dans la création une dialectique de l'harmonisation, de

Fig. 6 [La Durande prise dans les Douvres]

Dessin n° 26, *Les dessins de Victor Hugo pour le manuscrit des Travailleurs de la mer*, op. cit., B.N. n.a.f. 24745, f° 222 r°, Massin, t. XVIII, n° 722.

l'agglomération et de l'éparpillement. Ces mâts que la tempête arrache sont emblématiques d'un travail de diffusion qui est également à l'œuvre dans la genèse romanesque. Ou comment l'élément retourne à l'état de fragment, mais de fragment signifiant dans l'ensemble.

L'écrivain procède ainsi, parfois, à la dislocation à l'intérieur de son roman, d'un ensemble constitué sous forme de système et dont les échos se trouveront disséminés dans le texte définitif. Hugo opère par exemple, en préalable au roman, un répérage des balises qui entourent l'île de Guernesey. Il consigne ce relevé [Fig. 7] par deux fois dans ses carnets [26]. Ces balises font système ; elles sont une sorte de grammaire à l'usage des marins qui identifient immédiatement leur position. L'écrivain va intégrer ces balises à deux reprises dans le texte définitif en transformant ces renseignements documentaires en données scénariques avec une extraordinaire économie de moyens. Il défait l'ensemble des quatorze balises et les introduit de façon fragmentaire dans deux chapitres consacrés à Gilliatt :

> Il semblait, à voir Gilliatt voguer sur les bas-fonds et à travers les récifs de l'archipel normand, qu'il eût sous la voûte du crâne une carte du fond de la mer. Il savait tout et bravait tout.
>
> Il connaissait les balises mieux que les cormorans qui s'y perchent. Les différences imperceptibles qui distinguent l'une de l'autre les quatre balises poteaux du Creux, d'Alligande, des Trémies et de la Sardrette étaient parfaitement nettes et claires pour lui, même dans le brouillard. Il n'hésitait ni sur le pieu à pomme ovale d'Anfré, ni sur le triple fer de lance de la Rousse, ni sur la boule blanche de la Corbette, ni sur la boule noire de Longue-Pierre, et il n'était pas à craindre qu'il confondit la croix de Goubeau avec l'épée plantée en terre de la Platte, ni la balise marteau des Barbées avec la balise queue-d'aronde du Moulinet. [27]

Ces détails de la narration, documents élaborés à partir du réel se trouvent à nouveau fragmentés dans le roman, mais d'une manière signifiante et qui fait système. Ils servent à souligner les compétences du marin Gilliatt et à mettre en scène la relation intime qu'il entretient avec son milieu.

Dynamique créatrice

Cette assimilation du fragment documentaire ou fictionnel au tout romanesque, ce mouvement dialectique d'homogénéisation et d'éparpillement relèvent d'une dynamique de la création, à l'instar des vagues de *L'Archipel de la Manche* qui fragmentent et recomposent le paysage. Perspective dynamique qui invite à considérer l'achèvement de l'œuvre autrement que comme une clôture. Et il faudrait pour finir analyser la manière dont l'esthétique hugolienne invente des formes qui sont tout à la fois le tout et la partie, dans une dynamique de l'œuvre ouverte.

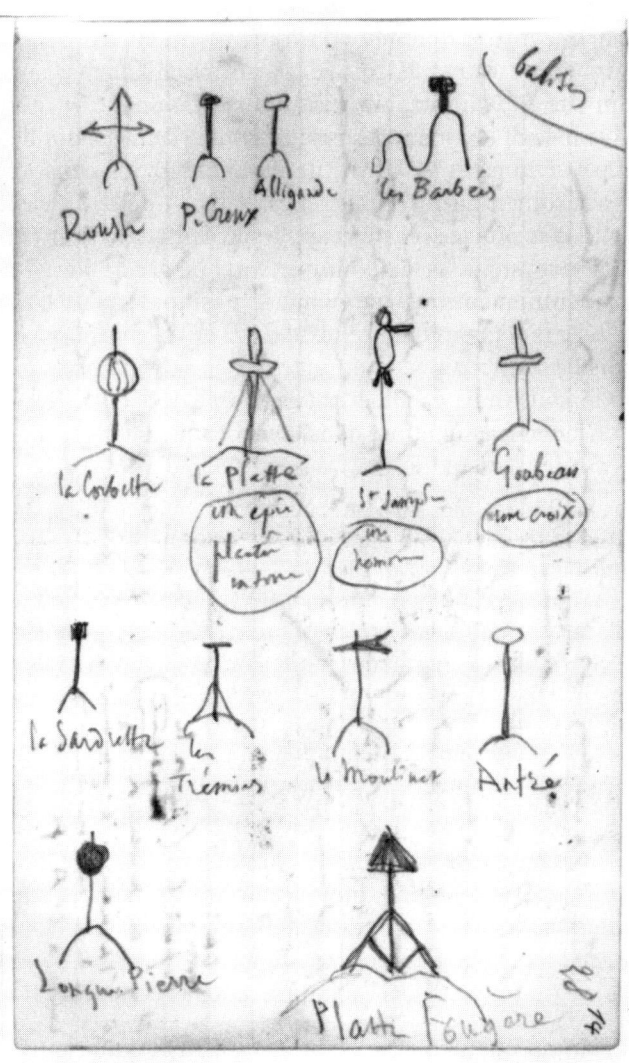

Fig. 7 [Balises]
B.N., ms. n.a.f. 13459, f° 14.

Signatures.
C'est tout d'abord par la signature, marque si emblématique de la présence hugolienne, que cette dynamique de l'œuvre ouverte trouve à s'incarner. La signature existe tout à la fois selon un mode fragmentaire et total. Comme totalité englobante, elle instaure l'œuvre comme monument, à l'instar de la lettre H que forment les tours de Notre-Dame de Paris et à laquelle répond en écho l'« H majuscule immense »[28] constituée par les Douvres et la Durande qui s'y est encastrée. Au-delà du traitement du motif qu'elle autorise, la signature apparaît comme un tout parce qu'elle délimite, matériellement et symboliquement l'espace de l'œuvre. Du point de vue de la création en effet, cette signature est tout à la fois inchoative et conclusive, elle dit l'énergie du geste créateur qui donne corps à l'œuvre et ce par quoi elle s'achève.

Comme le soulignait Emile Verhaeren en 1888, « quelques dessins, barrés de la titanesque signature, n'existent que par elle, violente, tragique, pareille à des menaces divines »[29]. La signature fait donc exister l'espace de l'œuvre ; elle est la preuve matérielle que Hugo considérait, en les signant, ses expérimentations comme abouties. Un dessin à l'encre brune[30], vraisemblablement étalée au moyen de la plume sur la feuille de papier, ne représente rien de particulier, sinon peut-être les mouvements de la mer. Il existe d'autres lavis de facture abstraite chez l'artiste, mais celui-ci fait l'objet d'un traitement particulier qui l'érige en œuvre. Il est daté et signé :« Victor Hugo Guernesey – 7bre 1856 ». Plus frappant encore est le cas de ce galet strié, lui aussi daté et signé « Victor Hugo, Guernesey 1856 »[31]. Par son arbitraire, la signature du galet indique que la conception de l'œuvre d'art réside avant tout dans le regard de l'artiste[32] qui l'édifie en objet de contemplation. La signature définit l'espace de l'œuvre d'art en ce qu'elle polarise et aiguise le regard du spectateur ; elle érige dans le même temps, s'agissant d'un galet ou d'une tache d'encre signés, cette œuvre en énigme, dont la signification résiderait presque totalement dans cette signature ostentatoire.

La signature dit tout à la fois l'achèvement de l'œuvre et sa non-clôture, l'exigence de maîtrise d'un processus de création et la conscience des forces centrifuges à l'œuvre dans le texte lui-même. Dans *Les Travailleurs de la mer*, Hugo multiplie ces effets de signature qui sont autant de mises en abyme d'une présence démiurgique. Signature travestie, présence dégradée, parfois ironique et carnavalisée[33]. Les interrogations étymologiques autour du radical anglo-normand Hou, « remarquable radical de la langue primitive » qui « se retrouve partout »[34] apparaissent comme une variante ruiniforme et fragmentaire du nom de l'auteur. Dans une de ses nombreuses réflexions sur le lexique anglo-normand, Hugo souligne qu'à

Guernesey, « on ne frappe pas à la porte, on *tape à l'hû* »[35]. Ces signatures dégradées disent simultanément une présence du créateur à la fois totale et déniée. La même analyse pourrait être produite à propos du dessin de la pieuvre[36] que Hugo a inséré dans le manuscrit des *Travailleurs de la mer* et qui contient ses initiales entrelacées. Hugo se nomme sans se nommer ; il signe compulsivement son œuvre pour mieux s'y laisser engloutir. Le fragment du nom éparpillé dans l'œuvre est ce par quoi elle accède à sa signification pleine et entière. Ce postulat se révèle particulièrement dans le frontispice [Fig. 8][37] que Hugo a dessiné pour le manuscrit des *Travailleurs de la mer*. Le dessin représente simultanément sur la feuille le cadre du roman, son titre et sa date de publication, ainsi que le nom de l'écrivain. La page, traversée par une diagonale, est occupée par un écueil recouvert d'algues, qui laisse apparaître dans une trouée, la Durande avec sa cheminée et ses tambours ainsi que la maison du Bû de la rue. Parallèlement à cette évocation du contenu de l'œuvre, la signature de Victor Hugo tient une place considérable dans la composition. Elle indique l'omniprésence de l'auteur, mais dit aussi visuellement qu'il est lié consubstantiellement à son œuvre. La végétation marine envahissant le rocher enlace en effet les lettres du nom HUGO qui semble sous cet effort s'effondrer dans l'abîme. Mise en scène de la signature qui révèle tout à la fois la puissance et la fragilité de l'artiste. L'écrivain omnipotent, qui marque son empreinte jusque sur le frontispice de son roman, est menacé de disparition dans la mer et d'un retour au fragmentaire originel. L'existence de l'œuvre, désignée par la signature, a partie liée avec sa ruine, sa puissance avec son effacement. L'auto-célébration à laquelle se livre Hugo ne peut dès lors se comprendre sans ce risque qu'il fait peser sur ces conditions d'exercice[38] : l'œuvre n'est érigée en monument qu'au moment où s'envisage simultanément sa possible disparition.

Le manuscrit, lieu de circulation de l'hétérogène.
Autre forme hugolienne dans laquelle s'articule le tout et le fragment : le manuscrit des *Travailleurs de la mer* lui-même, tel que le considère Hugo. Ce manuscrit est à lui seul l'exemple parfait de l'œuvre ouverte en ce qu'elle intègre et réduit l'hétérogène et le fragmentaire mais en ce qu'elle laisse également du « jeu » entre les fragments épars réunifiés. En effet, comme l'a souligné Pierre Georgel[39], les dessins que Hugo dispose dans son manuscrit n'entretiennent pas un rapport très étroit avec le texte. Ils sont tout d'abord marqués par une hétérogénéité formelle. Certains ont été exécutés sur des feuilles volantes, avec l'intention d'être rattachés au manuscrit. D'autres au contraire, sont tirés de carnets et d'albums et marqués par une variété de tailles et de papiers.

Fig. 8 [Frontispice]
Dessin n° 1, *Les dessins de Victor Hugo pour le manuscrit des Travailleurs de la mer, op. cit.*,
B.N. n.a.f. 24745, f° 2 r°, Massin, t. XVIII, n° 704.

Genèse en archipel 49

De plus les règles d'insertion de l'image dans le manuscrit hugolien n'obéissent pas à un strict respect de la littéralité du texte. Tout d'abord, ces dessins ne correspondent pas à un emploi dit illustratif ; ils ne s'insèrent pas, en effet, dans ces trois catégories obligées que sont les paysages, les portraits et les scènes. Il n'y a pas à proprement parler de scènes, qui restitueraient l'action romanesque. Les images se répartissent principalement entre paysages et portraits, mais selon des modalités qui, là encore, échappent aux contraintes du genre. Les portraits correspondent à des évocations souvent très fugaces dans le roman. « Parisien, dit Peau-rouge »[40] n'apparaît qu'à l'occasion de la vente du revolver à Clubin, mais il a pourtant son portrait dans le manuscrit. Parmi les personnages principaux, la représentation de mess Lethierry[41] intervient assez rapidement dans le manuscrit, mais celle de Déruchette[42] n'apparaît qu'à la fin du texte, alors que le roman est achevé. Le portrait de Déruchette représente alors, selon l'expression de Pierre Georgel, « l'instrument séduisant et dérisoire de l'anankè »[43], spectre flottant qui, suivant de près la noyade de Gilliatt, figure son ultime regret. Ni Rantaine, ni Gilliatt, ni même Clubin n'apparaissent explicitement parmi les dessins du manuscrit. Ce sont au contraire les personnages anonymes qui dénigrent la Durande, se réjouissent des malheurs de Lethierry et véhiculent les superstitions locales qui sont à l'honneur. Infimes grains de sable « pas du tout fâché[s] de la catastrophe »[44], qui grippent la mécanique du roman et de son illustration. Ces dessins, fragments d'une œuvre graphique dont ils ont été volontairement détachés, ont été reliés avec le manuscrit et forment un tout avec lui. Mais ils conservent leur état fragmentaire dans la mesure où ils ne cherchent pas à être l'écho d'un passage précis du roman ; ils ne font référence à aucune action particulière. L'impression qui se dégage de cette succession de dessins est fantomatique, celle d'un rêve discontinu d'images flottantes. Un mât flottant dans la tempête [Fig. 9][45] accentue l'errance des images. Fragment dans le dessin, il est également fragment de dessin dont la dérive est productrice d'une signification erratique. Les lavis du manuscrit sont ainsi les signes instables d'un sens qui fluctue avec les lames de l'océan. Le fragment hugolien subit donc un travail d'homogénéisation dans l'œuvre et dispose en même temps d'une puissance flottante de signification qui affecte l'œuvre elle-même et la maintient ouverte.

Œuvre ouverte.
Hugo va plus loin encore en figurant l'ouverture de l'œuvre sous la forme d'un fragment qui reprend son autonomie. Le rocher Ortach [Fig. 5] par exemple, lui-même fragment de terre au milieu de l'océan fait l'objet d'un traitement sous forme de série graphique et textuelle qui anticipe et pro-

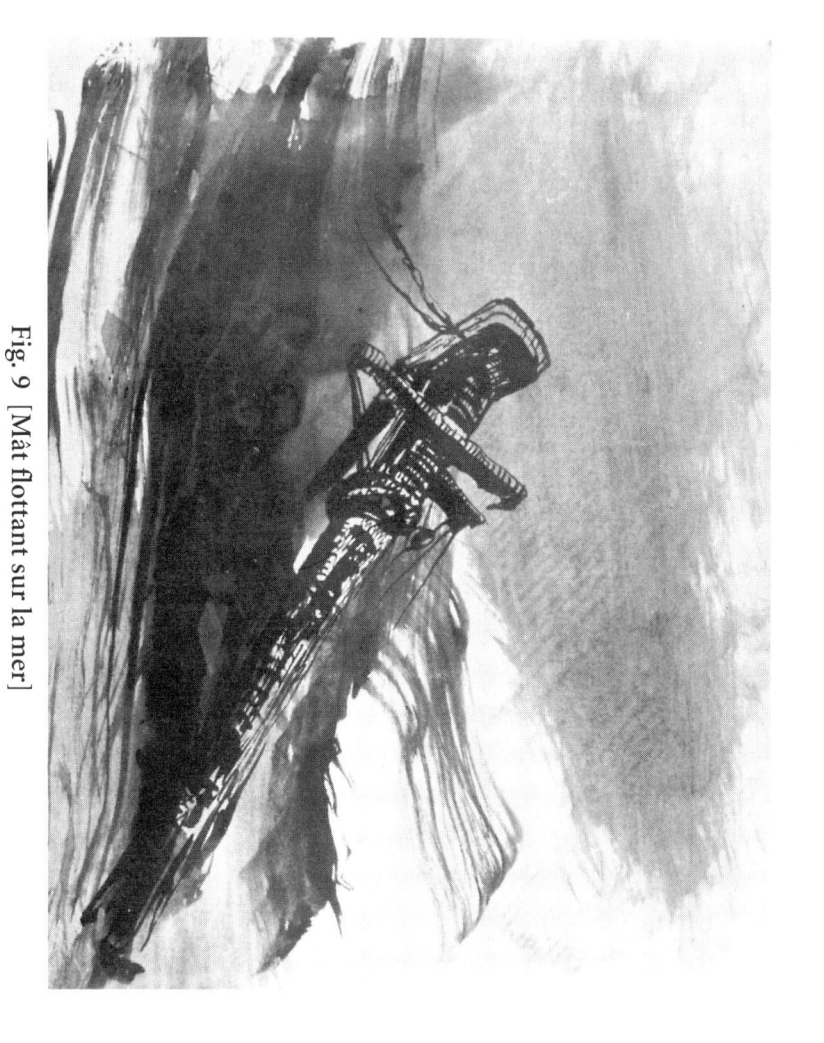

Fig. 9 [Mât flottant sur la mer]
Dessin n° 28, *Les dessins de Victor Hugo pour le manuscrit des Travailleurs de la mer, op. cit.,*
B.N. n.a.f. 2745, f° 314 r°, Massin, t. XVIII, n° 728.

longe le roman des *Travailleurs de la mer*. Fragment graphique antérieur à l'écriture du roman[46], il est repris par Hugo qui en donne plusieurs versions et qui réintroduit le motif dans le roman suivant, *L'Homme qui rit*[47]. La série est donc génératrice d'une dynamique de création en même temps qu'elle marque son perpétuel inachèvement, qu'elle témoigne en tout cas de l'œuvre comme d'un permanent chantier.

Autre exemple de la manière dont l'œuvre à nouveau fragmentée s'affiche comme un processus ouvert, un texte daté de 1873 relate une visite faite par Hugo à la maison visionnée [Fig. 10][48] qui avait servi de cadre au roman des *Travailleurs de la mer* :

> Nous sommes allés revoir la maison visionnée. Elle a toujours le même aspect. Elle est seule, déserte et lugubre, avec toutes ses portes et toutes ses fenêtres murées, excepté deux. Au moment où nous arrivions, un corbeau est venu se poser sur la cheminée, puis y est entré, en est ressorti, et s'est envolé au-dessus des bruyères en criant. Nous sommes descendus de voiture, nous avons fait le tour de la maison. On voyait au loin le phare des Hanois. Tout à coup, pendant que j'étais là, pensif, un nuage s'est abattu sur la mer, un grand nuage blanc qui a traîné sur l'eau et l'a cachée ; au bout de quelques instants, ce nuage avait pris la forme du brouillard où j'ai fait perdre *la Durande* ; c'était exactement la haute muraille blanche semblable à une falaise mouvante, ayant une frontière en ligne droite sous laquelle les navires disparaissaient ; et j'avais sous les yeux une page des *Travailleurs de la mer*.
> Telle est la politesse que m'a faite l'océan.[49]

De la page détachée des *Travailleurs de la mer* à la contemplation du réel, la relation s'inverse entre la fiction et la réalité. Ce n'est plus ici l'écrivain qui s'inspire du monde, mais bien le monde qui reproduit l'imagination du poète. Ce va-et-vient permanent renvoie l'œuvre à sa genèse. Texte ouvert qu'une confrontation au réel modifie ; monde ouvert, toujours donné comme un possible intertexte et qui offre à l'écrivain une page fragmentaire de son roman.

La création hugolienne apparaît donc comme un terrain sur lequel s'affrontent et se redéfinissent simultanément des forces d'homogénéisation et de dissémination. L'œuvre construite à partir du fragmentaire – inspiré par l'observation de la réalité ou les hasards de l'imagination – n'oublie jamais son origine composite. Mieux, elle la met en scène, à travers la production des dessins, la mise en série des textes et la constitution des manuscrits. Si le roman déroule son impeccable et implacable ordonnance, il médite aussi sur ce chaos océanique, prélude à la tempête, qui fait toujours de la création un espace ouvert. L'œuvre menée à son terme exhibe

Fig. 10 [La Maison visionnée]
Dessin n° 17, *Les dessins de Victor Hugo pour le manuscrit des Travailleurs de la mer, op. cit.*,
B.N. n.a.f. 24745, f° 123 r°, Massin, t. XVIII, n° 715.

sa perfection mais ne perd rien de ce dynamisme qu'atténue souvent l'impression d'achèvement et de maîtrise technique. Victor Hugo est au récit ce que la mer est au récif : un perpétuel ressac qui dans l'accomplissement de sa vague donne le sentiment de l'infini.

Delphine Gleizes
Université Lyon 2/LIRE

Notes
1. Lettre de Victor Hugo à Charles Hugo, le 14 mai 1859, *Œuvres complètes*, Club Français du Livre, édition Jean Massin, t. X, p. 1303.
2. *Consolidation et défense du littoral*, 1846, *Œuvres complètes*, Massin, t. VII, pp. 90-97.
3. *L'Archipel de la Manche*, VI, Paris, Gallimard, La Pléiade, 1975, édition d'Yves Gohin, pp. 571-572. On se reportera à cette édition des *Travailleurs de la mer* procurée par Yves Gohin et qui comporte de nombreux commentaires sur la genèse du roman, ainsi qu'un important dossier contenant les brouillons de l'œuvre. Le présent travail se fonde également sur les analyses de Pierre Georgel dans son édition des *Dessins de Victor Hugo pour Les Travailleurs de la mer*, Paris, Herscher, 1985.
4. Jean-Bertrand Barrère a procuré une transcription de ce carnet, « Un printemps dans l'île de Serk », in *Victor Hugo à l'œuvre. Le poète en exil et en voyage*, Paris, Klincksieck, 1965.
5. Manuscrit n.a.f. 24798, f° 208.
6. Carnet n.a.f. 13459, f° 3.
7. Voir à ce sujet Guy Rosa, « Jean Valjean (I, II, 6) : Réalisme et irréalisme des *Misérables* », in *Lire les Misérables*, Paris, Corti, 1985. Voir également la réflexion de Myriam Roman qui souligne la façon dont Hugo appréhende ses personnages en dehors de la psychologie traditionnelle, « Le personnage effacé par le texte », Communication au Groupe Hugo, 16 octobre 1993 : « Loin de pratiquer pour ses personnages une psychologie différentielle, fondation d'une véritable étude de caractère, Hugo ramène l'expérience de l'intériorité à des moments confus où le personnage, plongé dans un état second, connaît l'abîme intérieur, et où le discours du narrateur, loin d'expliciter ses sentiments, soit reprend à son compte cette expérience de l'âme comme pêle-mêle et indistinction, soit détourne le cours de sa narration. »
8. Carnet n.a.f. 13459, f° 7. *Les Travailleurs de la mer*, I, V, 1, Pléiade, p. 705, pour le texte définitif.
9. *Philosophie. Commencement d'un livre*, *Œuvres complètes*, Massin, t. XII, p. 23 : « L'immensité microscopique se démasque. Le tremblement de la création vous saisit. On pourrait dire que c'est à l'infiniment petit que commence l'énormité de la mer. »

10. Charles Hugo, *Chez Victor Hugo, par un passant*, 1864, cité par le catalogue de l'exposition *Victor Hugo Peintre*, édition Mazzotta, 1993, p. 96.
11. Pierre Georgel, *Les Dessins de Victor Hugo pour Les Travailleurs de la mer*, *op. cit.*, n° 29, pp. 96-97. Nous reprenons ici ses conclusions.
12. Dessin n° 484, *Œuvres complètes*, Massin, t. XVII, [Plume et encre brune sur deux feuillets assemblés et collés, Collection Jean Hugo].
13. Dessin n° 485, *Œuvres complètes*, Massin, t. XVII, [Plume et encre, B.N. Ms. *Les Travailleurs de la mer*, n.a.f. 24745, f. 358].
14. *Les Travailleurs de la mer*, II, III, 6, Pléiade, pp. 922-923.
15. Lettre de Victor Hugo à Hetzel, le 4 juillet 1861, *Œuvres complètes*, Massin, t. XII, p. 1122.
16. *Les Travailleurs de la mer*, I, III, 4, Pléiade, p. 668.
17. Hugo orthographie aussi *Edinburgh*.
18. Ce dessin est répertorié sous le n° 637 de l'édition Massin, XVIII.
19. Ce dessin est extrait de l'album n.a.f. 13351, f° 9, répertorié dans l'édition Massin, XVIII au n° 638.
20. Le rocher Ortach est évoqué par Hugo dans *L'Archipel de la Manche* (Pléiade, pp. 579 et 583) puis dans *Les Travailleurs de la mer* (pp. 626 et 1016). Voir ci-dessous, p. 49.
21. Carnet 13459, f° 29v°, BN.
22. Il s'agit du dessin répertorié par Pierre Georgel sous le n° 27, *Les Dessins de Victor Hugo pour Les Travailleurs de la mer, op. cit.*
23. Dessin n° 26, *ibid.*, p. 90.
24. Pierre Georgel date ce dessin d'avant juillet 1864, date à laquelle les chapitres I, VII, 1 et II, I, 3 qui comportent des détails relatifs aux mâts de la Durande, ont été écrits. Voir *ibid.*, p. 90.
25. Voir sur cette question Anne Nicolas, « Une économie de la violence », in *La description*, Centre de recherche spécialisée, lettres, art, pensée, XIXème siècle, Presses Universitaires de Lille, 1974, pp. 61-80.
26. On trouve ces croquis au folio 10 du manuscrit n.a.f. 13460 et un peu plus tard, au folio 14 du manuscrit n.a.f. 13459.
27. *Les Travailleurs de la mer*, I, I, 6, Pléiade, p. 644. Les balises restantes se trouvent évoquées au chapitre I, VII, 2, « Beaucoup d'étonnement sur la côte ouest ».
28. Hugo a dessiné ce motif dans son carnet de travail [1864, B. N., n.a.f. 13459, f° 74 v°]. Dessin reproduit dans *Les Dessins de Victor Hugo pour Les Travailleurs de la mer, op. cit.*, n° 41, p. 117.
29. Emile Verhaeren, 1888, texte cité dans le catalogue *Victor Hugo peintre, op. cit.*, p. 205.
30. Dessin n° 679, *Œuvres complètes*, Massin, t. XVIII.
31. Galet reproduit dans le catalogue *Victor Hugo peintre, op. cit.*, pp. 39 et 238.

32. Voir Jean-Jacques Lebel, « Hugo et la chaosmose », in *Victor Hugo peintre*, *op. cit.*, p. 39.
33. Voir sur cette question Myriam Roman, *Victor Hugo et le roman philosophique*, Paris, Champion, 1999, p. 510.
34. *L'Archipel de la Manche*, IX, Pléiade, p. 579.
35. *L'Archipel de la Manche*, VIII, Pléiade, p. 576.
36. Il s'agit du dessin répertorié par Pierre Georgel sous le n° 31, *Les Dessins de Victor Hugo pour Les Travailleurs de la mer, op. cit.*
37. Dessin n° 1, *ibid.*
38. Cette ambivalence de la signature fait écho aux déclarations réitérées de Hugo concernant sa propre disparition. Dans les lettres à ses proches, à ses éditeurs, revient souvent sous sa plume cette crainte de ne pas parvenir à achever l'ouvrage que viendrait interrompre la mort et l'idée que la production de l'œuvre, en tant que signe, a partie liée avec la menace permanente de son interruption.
39. Voir sur cette question Pierre Georgel, *Les dessins de Victor Hugo pour le manuscrit des Travailleurs de la mer, op. cit.*, en particulier « La circulation du sens », pp. 30-33.
40. Dessin n° 19, f° 147 r°, *ibid.*
41. Dessin n° 9, f° 78 r°, *ibid.*
42. Dessin n° 36, f° 483 r°, *ibid.*
43. *Ibid.*, p. 110.
44. Dessin n° 23, f° 195 r°, *ibid.*
45. Dessin n° 28, f° 314 r°, *ibid.*
46. Il s'agit notamment d'un dessin intégré dans le manuscrit des *Travailleurs de la mer*, (*ibid.*, n° 2), d'un dessin de carnet de voyage daté du 28 juin 1865 (*ibid.*, n° 37) et d'un dessin plus élaboré, polychrome, sans doute postérieur à la rédaction du roman (*ibid.*, n° 38).
47. *L'Homme qui rit*, I, II, 14, *Œuvres complètes*, Massin, t. XIV, pp. 97-98.
48. Dessin n° 17, *Les dessins de Victor Hugo pour le manuscrit des Travailleurs de la mer, op. cit.*, f° 123 r°, Massin, t. XVIII, n° 715.
49. *Carnets, Albums, Journaux*, section III, Massin, t. XVI, pp. 799-800.

Totalisation et fragmentation
dans *La Légende des siècles* de Victor Hugo
(Première série)

par

Myriam Roman

Plus encore peut-être que les autres œuvres de Victor Hugo, le projet de *La Légende des siècles* répond à l'ambition de totalité qui semble caractériser les œuvres romantiques. Nous traiterons ici de la première série de poèmes publiés sous ce titre en 1859. Leur appartenance au genre épique, genre de la totalité s'il en est, que Georg Lukacs définit comme ce qui « donn[e] forme à la totalité extensive de la vie » et présuppose la présence immanente d'un sens dans la matière[1], se trouve soulignée par le titre principal retenu par le poète. Cherchant à remplacer le titre initial des *Petites Épopées*, proposé à l'éditeur Hetzel et annoncé dès 1853 sur la couverture de la première édition des *Châtiments*, Hugo refuse successivement *La Légende épique de l'homme* (trop long), *Ébauches épiques* (« la modestie dans le titre, c'est de la prétention »[2]), *La Légende humaine* (trop proche de *La Comédie humaine*), et approuve l'avis de Paul Meurice qui trouve *La Légende de l'Homme* ou *La Légende de l'Humanité* peu euphoniques à cause de la répétition de la syllabe « de », et *La Légende épique*, redondante[3]. Quand il se décide enfin, il écrit à Hetzel le 3 avril 1859 :

> J'ai dépassé *les Petites Épopées*. C'était l'œuf. La chose est maintenant plus grande que cela. J'écris tout simplement *l'Humanité*, fresque à fresque, fragment à fragment, époque à époque. Je change donc le titre du livre, le voici :
>
> LA LÉGENDE DES SIÈCLES
par
V.H.
>
> Ceci est beau et vous frappera, je pense. Sous ce titre nous mettrons : *première série*. Cette première série aura deux volumes, et plus tard, les autres suivront. L'ensemble, je crois, sera neuf et saisissant.[4]

Explicitement, donc, Hugo récuse le tout premier titre envisagé, *Les Petites Épopées*, qui ne rend pas compte de la volonté totalisante de l'œuvre, et choisit un titre qui restitue l'ampleur du projet dans sa double visée : des siècles, mais une seule légende[5]. Le substantif principal est au singulier; c'est lui qui désigne le recueil comme un Tout et non comme une anthologie, comme une œuvre voulue par un auteur et à ce titre, achevée. C'est lui aussi qui définit avec justesse la totalité visée par l'écrivain romantique : la diversité des sujets traités a pour contrepoint la saisie d'un principe unificateur. La totalisation implique donc un va-et-vient entre le multiple et l'un, entre l'extrême variété des époques et des temps et « ce qui doit être lu », suivant la signification étymologique du mot « légende ». L'unité que le lecteur de *La Légende* est amené à discerner dans les poèmes composant le recueil repose sur une interprétation de l'Histoire à la lumière du Progrès, si l'on adopte le pacte de lecture proposé par l'auteur dans la préface datée de septembre 1859 : « divers par le sujet », les poèmes sont néanmoins « inspirés par la même pensée », liés entre eux par « le grand fil mystérieux du labyrinthe humain, le Progrès »[6]. La totalité suppose en effet la saisie d'une unité et de principes structurants; c'est ce qui la différencie de la pluralité, simple addition d'éléments.

Restituer une totalité implique de donner à voir un ensemble, lequel n'est en fait abordable que par sa partie ou ses parties, ne serait-ce que parce qu'il faut bien commencer quelque part (c'est ce que Hugo souligne dans sa préface en insistant sur le fait qu'il « commence » une vaste entreprise épique). Le poète en quête de totalité rencontre donc obligatoirement le fragment, et ce d'autant plus dans une perspective romantique qui lève l'opposition trop vite posée entre fragment et totalité. Hugo le précise dans sa lettre à Hetzel : il souhaite écrire « *l'Humanité* » « fragment à fragment ». Nous voudrions montrer en quels sens la visée totalisatrice de *La Légende des siècles*, emblématique de l'œuvre romantique, implique une poétique du fragment.

Le fragment comme un Tout
Avant de poursuivre, il importe de préciser le sens dans lequel nous entendons le mot fragment. Le sens premier du terme, le plus courant et le sens exclusif attesté par exemple dans le *Grand Dictionnaire Universel du XIXe siècle* de Pierre Larousse, correspond à une vision plutôt négative du fragment comme reste d'une totalité perdue, et de ce fait, morceau frappé d'incomplétude[7]. Le terme n'a pas, en ce cas, d'acceptation littéraire et générique : quand il est appliqué à une œuvre, il concerne les œuvres antiques qui n'ont pas été transmises intégralement pour avoir été en partie perdues (dans *William Shakespeare*, Hugo parle des « fragments »

d'Eschyle ou des « fragments » de Ménandre[8]) ou il s'emploie comme synonyme d'« extrait ». Cette fragmentation accidentelle et indépendante de la volonté de l'auteur met l'accent sur le manque, le fragment désignant alors une partie non autonome et non achevée. C'est dans ce sens que Hugo emploie le mot au début de la préface de La Légende des siècles :

> Les personnes qui voudront bien jeter un coup d'œil sur ce livre ne s'en feraient pas une idée précise, si elles y voyaient autre chose qu'un commencement.
> Ce livre est-il donc un fragment ? Non, il existe à part. Il a, comme on le verra, son exposition, son milieu et sa fin.
> Mais, en même temps, il est, pour ainsi dire, la première page d'un autre livre.[9]

Or paradoxalement, en expliquant pourquoi La Légende des siècles n'est pas un fragment, Hugo propose une définition qui correspond en fait à la conception romantique de l'œuvre comme fragment, telle qu'elle a pu être définie par le premier romantisme allemand[10]. Le fragment romantique est d'abord œuvre à part entière, qui répond à des critères d'unité, d'autonomie et de clôture sur soi. Comme l'affirme le célèbre fragment 206 de L'Athenaeum, d'autant plus clos sur lui-même qu'il met en pratique la théorie qu'il énonce et inversement, constitue la théorie de sa propre pratique :

> Pareil à une petite œuvre d'art, un fragment doit être totalement détaché du monde environnant, et clos sur lui-même comme un hérisson[11].

Le fragment romantique renvoie ainsi à l'œuvre à part entière et non à son morceau; c'est dans le même sens que Hugo tient à préciser que si les poèmes de 1859 ne forment qu'un « commencement », le recueil n'en constitue pas moins une œuvre singulière. Être à la fois un morceau et un Tout, c'est le principe de l'œuvre romantique comme fragment. Dans la préface, Hugo étaie son argumentation en reprenant des critères de définition aristotéliciens. L'œuvre est close sur elle-même : elle est structurée autour d'une action, ayant « une exposition, un milieu, une fin »[12] ; elle se définit comme telle par sa cohérence interne et la nécessité de son agencement. Dans la suite immédiate de la préface, Hugo propose deux métaphores destinées à lever l'opposition entre la partie et le tout :

> Un commencement peut-il être un tout ? Sans doute. Un péristyle est un édifice.
> L'arbre, commencement de la forêt, est un tout. Il appartient à la vie isolée, par la racine, et à la vie en commun, par la sève. A lui seul, il ne prouve que l'arbre, mais il annonce la forêt.[13]

La première métaphore, architecturale, plus figée et presque néo-classique, fait de la Première Série de La Légende des siècles le pendant de la galerie de colonnes qui entoure les temples antiques ou, qui, située sur une des faces seulement, constitue une sorte de vestibule monumental. L'œuvre est à la fois monument et partie d'un monument, dans un registre qui suggère une architecture grandiose et sacrée. La seconde métaphore appelle un imaginaire plus dynamique et vital : l'œuvre est un arbre dans la forêt. La référence à l'univers de la nature situe la métaphore de l'arbre sur le même plan que le « hérisson » de L'Athenaeum : elle traduit une conception organique de l'œuvre, parcelle ou atome, conçue de manière analogique avec tout être vivant. Cette idée, qu'on trouve déjà dans la Poétique d'Aristote[14], correspond à l'idée romantique de l'œuvre comme fragment, organon, ou encore, pour reprendre une métaphore et un titre de Novalis, « grain de pollen ».

Dans la préface de 1859, Hugo accorde donc à La Légende des siècles un statut qui est celui du fragment au sens romantique du terme : le recueil constitue à la fois une partie et un tout; le livre « existe solitairement et forme un tout; il existe solidairement et fait partie d'un ensemble »[15]. La paronomase « solitaire » / « solidaire » est une figure que Hugo affectionne[16] et qui montre d'emblée combien pour lui la partie, particule et atome, se révèle être une voie d'accès à un ensemble : l'essence du fragment romantique est d'être solidaire. Or non seulement La Légende des siècles est un fragment en ce sens, mais les poèmes qui la composent sont autant de fragments, qui prennent sens dans cette dialectique de la partie représentant un tout. La préface de l'œuvre ajoute deux séries de métaphores, le masque mortuaire et la mosaïque, appliquées cette fois-ci aux divers poèmes du recueil. Ces derniers offrent « des empreintes successives du profil humain », « empreintes moulées sur le masque des siècles » et destinées à « former une sorte de galerie de la médaille humaine »[17]. Enfin, « comme dans une mosaïque, chaque pierre a sa couleur et sa forme propre; l'ensemble donne une figure. La figure de ce livre [...], c'est l'homme »[18]. On retrouve à ce second niveau les caractéristiques du fragment romantique : autonomie et clôture sur soi d'un morceau, qui reste néanmoins solidaire d'une totalité qu'il désigne; conception organique de l'œuvre en filigrane : la mesure de toute chose reste le visage humain que les poèmes ont pour vocation de dessiner. La Légende des siècles est un fragment constitué de fragments.

La fragmentation comme mélange

Écrire une œuvre à partir de fragments, c'est choisir une pratique du mélange et du divers, qui reprend sur ce point la tradition de l'écriture fragmentaire des moralistes du XVIIe et du XVIIIe siècle (La Bruyère, la

Rochefoucauld et Chamfort), et le fondement même de cette œuvre paradigmatique du genre fragmentaire que sont les *Essais* de Montaigne[19]. Dans le cas particulier de *La Légende des siècles* qui ressortit à la poésie et non à la prose, il est significatif de constater que Hugo a choisi un recueil de pièces épiques diverses plutôt qu'une épopée continue qui aurait mis en scène les aventures d'un même héros, comme Lamartine en avait eu l'idée dans les *Visions* (qui auraient dû être les réincarnations successives d'un ange déchu) ou comme c'est le cas chez les romantiques et chez Hugo lui-même, dans le genre du roman qui poursuit, à de nombreux égards, la veine épique. L'épopée de *La Légende des siècles* se voit dotée de la variété des œuvres fragmentaires, laquelle permet de répondre, en un premier sens, à un désir de totalité. L'œuvre est totale en ce qu'elle offre une impressionnante diversité de pièces, d'inspirations et de sujets.

La diversité des pièces rassemblées résulte d'abord de l'étalement dans l'écriture des poèmes, étalement masqué toutefois, par le livre achevé de 1859, dans la mesure où Hugo ne porte pas de date de composition, réelle ou fictive, au bas de chaque poème, comme il l'avait fait pour *Les Contemplations*. Elle concerne aussi, dans un écart moindre, les variations de mètres, sensible dans certaines pièces métriquement différentes alors que la majeure partie des poèmes est écrite en alexandrins à rimes suivies, dans le schéma métrique qui favorise par sa continuité et sa simplicité les exigences du récit et de l'épopée. « La chanson des aventuriers de la mer », probablement la pièce la plus ancienne du recueil[20], datée du 29 octobre 1840, invite à inscrire le genre poétique de la chanson dans l'épopée; le poème est composé de douze sizains d'octosyllabes à rimes alternées avec comme refrain un quatrain hétérosyllabique qui fait alterner les vers de huit et de quatre syllabes sur un modèle de rimes suivies :

> En partant du golfe d'Otrante,
>   Nous étions trente;
> Mais, en arrivant à Cadiz,
>   Nous étions dix.[21]

Le facteur de variété le plus important se trouve dans le sujet des poèmes et l'extension considérable des époques et des civilisations représentées. La légende hugolienne commence avec le jardin d'Eden et la Bible dans la première section intitulée « D'Ève à Jésus » pour aller jusqu'au « Vingtième siècle » (titre de la section XIV) et enfin « Hors des temps » (quinzième et dernière section). La chronologie épique ne se limite pas aux siècles passés, puisque la section XIII, « Maintenant », est consacrée au temps présent, et que les dernières sections se situent dans l'avenir, puis en dehors des limites temporelles de la condition humaine, « Hors du monde, au delà de tout ce qui ressemble / A la forme de quoi que ce soit »[22]. Les principales époques représentées sont l'Antiquité biblique (à la fois l'Ancien et le Nouveau Testament réunis dans une seule section, la première), à laquelle viennent s'ajouter la Rome décadente de l'Empire (section II) et le VIIe siècle de Mahomet (III), le Moyen Age (le bas Moyen Age essentiellement dans les sections IV et V, puis le Moyen Age finissant et le XVe siècle, à partir d'« Eviradnus » et dans les sections VI et VI), le XVIe siècle et la Renaissance (sections VIII, IX et X). Le XVIIe siècle est représenté par les sections XI et XII ; le XIXe par la section XIII et le premier poème de la section XIV. Une même amplitude se manifeste dans le choix des lieux qui incluent des espaces géographiques éloignés, Rome (II, « Au lion d'Androclès ») mais aussi Djeddah et l'île grecque de Pathmos, dans un poème, « Le cèdre » (III), qui thématise justement la présence dans un même récit, de personnages appartenant à des espaces et des civilisations séparées, saint Jean et un prêtre de Mahomet. Sont aussi présents les pays d'Europe du Nord (le Danemark et les pays du Nord dans « Le parricide », IV), l'Espagne (« Bivar », IV ; « Le petit roi de Galice », V ; « La rose de l'Infante », IX), l'Allemagne (la Lusace d'« Éviradnus », V), l'Italie de « Ratbert » (VII), l'Égypte de Zim-Zizimi (VI), le Bagdad de « Sultan Mourad » (VI), les Alpes suisses du Régiment du baron Madruce » (XII), et même le Nouveau Continent avec l'Amérique centrale du Momotombo (X). De même que la chronologie se trouvait élargie jusqu'à comprendre l'avenir et le hors-temps, la géographie réelle se prolonge en une géographie mythique composée de lieux sacrés connus avec ou sans territoires attestés, dans le cas du jardin d'Éden dans « Le sacre de la femme » (I) ou de l'Olympe dans « Le Satyre » (VIII), auxquels il faut ajouter des espaces naturels qui fondent, chez Hugo, une nouvelle mythologie : ce sont l'Océan et l'air dans « Pleine mer » et « Plein ciel » (XIV).

A cet élargissement des bornes du temps et de l'espace jusqu'aux éléments, il convient d'ajouter un effet de totalisation proprement générique. Dominique Combe l'a montré, si *La Légende des siècles* a occulté les autres œuvres poétiques épiques du XIXe siècle, jusqu'à laisser croire que Hugo seul avait su composer une épopée, ce n'est pas qu'il ait inventé *ex nihilo* un nouveau style épique, c'est qu'il a réussi, de manière géniale, à mélanger tous les sous-genres de l'épopée pratiqués en son temps. *La Légende des siècles* de 1859 se présente comme une somme des genres épiques eux-mêmes : par son pacte de lecture, elle se rattache aux épopées humanitaires pratiquées par Ballanche, Soumet ou Quinet mais on trouve aussi en son sein l'épopée historique nationale ou l'épopée médiévale (« Le mariage de Roland » ou « Aymerillot » par exemple), l'épopée biblique et l'épopée religieuse, dans la veine de *La Divine Comédie* et du *Paradis perdu*, le poème antique et le poème oriental. Quant à la familiarisation de l'épique, telle qu'elle apparaît par exemple dans « Les pauvres gens », elle se trouve chez Lamartine à l'origine de *Jocelyn* en 1836 et plus tard chez François Coppée, tout comme Hugo n'invente pas l'épopée scientifique et technique avec l'éloge de l'aéroscaphe dans « Plein ciel », mais se situe dans la veine didactique de l'épopée descriptive, pratiquée dès la Renaissance par Du Bartas et Scève et au XIXe siècle par Lemercier, Leconte de Lisle et Sully Prudhomme[23].

La multiplication des horizons est inhérente au poète romantique qui aspire à la totalité et qui, pour l'atteindre, s'investit dans la diversité des objets, explorant les différences. Non sans courir le risque de se perdre dans l'hétérogène... L'accumulation du divers peut très vite revêtir un caractère dérisoire; une collection d'objets ne produit pas un Tout. La totalité prend alors la forme de l'entassement incontrôlé, du bric à brac; sa version parodique pourrait être représentée, au XIXe siècle, par la collection et le collectionneur, Bouvard et Pécuchet chez Flaubert, ou déjà Pons et Schmucke chez Balzac. Pour éviter la dispersion, le poète qui rêve de totalité doit la retrouver, non dans l'accumulation sans fin des expériences mais en profondeur, dans la partie, le morceau vus comme accès privilégié au Tout. « Une goutte, c'est toute l'eau »[24] : cette maxime de Hugo dans ses *Proses philosophiques* exprime le fondement philosophique du fragment romantique et emblématise la valeur centrale accordée au morceau : c'est à partir du fragment que l'on peut saisir le Tout et c'est cet aspect essentiel de l'œuvre romantique que Hugo met en poèmes dans *La Légende des siècles*.

La totalité dans le fragment

Le fragment romantique apparaît ainsi comme une synthèse des contraires puisqu'il figure une partie qui constitue en même temps un Tout. Il s'agit maintenant de préciser les procédés par lesquels Hugo dans *La Légende des siècles* donne sens au fragment et le fait lire comme un tout.

La mise en récit constitue la première façon, évidente, de faire du fragment un tout achevé et doté d'une cohérence interne. Chaque poème de *La Légende des siècles*, structuré autour d'une histoire, possédant « son exposition, son milieu et sa fin », est une pièce autonome, c'est-à-dire détachable. La maternité d'Ève dans « Le sacre de la femme » (I), la fuite inutile de Caïn devant l'œil de « La conscience » (I) proposent des épisodes bibliques, qui sans couvrir certes toute la vie des protagonistes, possèdent une unité narrative certaine : le poète raconte l'hommage rendu par tous les êtres vivants à la première mère, la « mère des hommes »[25] ou l'impossible fuite du premier criminel. D'autres poèmes s'affichent plus immédiatement comme narratifs, mettant en scène par exemple des guerres de pillage (« Le jour des rois », IV) ou de conquêtes (« Aymerillot », IV), des complots, manqués (« Le petit roi de Galice », V) ou réussis (« La défiance d'Onfroy », VII).

La caractéristique la plus intéressante du recueil est de multiplier les niveaux de récit. Non seulement, chaque poème raconte une histoire, mais les sections qui regroupent les trente-huit poèmes de *La Légende des siècles*, quand elles sont composées de plusieurs poèmes, sont structurées comme des récits. Certaines offrent même une structure qui se rapproche presque explicitement de la formule aristotélicienne reprise par Hugo dans la préface : la section V consacrée aux « Chevaliers errants » commence par un poème d'exposition, qui reprend le même titre, suivi de deux récits qui mettent en scène, le premier Roland, dans l'Espagne du VIIIe siècle (« Le petit roi de Galice ») et le second, Éviradnus, dans la Lusace du XVe siècle (« Éviradnus ») : ce dernier personnage est inventé par Hugo mais posé comme vrai parce qu'il est annoncé dans le poème introductif aux côtés de personnages légendaires attestés. L'annonce structure la section et en marque la cohérence :

> La terre a vu jadis errer des paladins;
> Ils flamboyaient ainsi que des éclairs soudains,
> [...]
> Les noms de quelques-uns jusqu'à nous sont venus;
> Ils s'appelaient Bernard, Lahire, Éviradnus ; [...] [26]

Une section comme celle de « Ratbert » (VII) se décompose tout aussi bien en un premier poème (« Les conseillers probes et libres »), où le complot contre Fabrice est annoncé dans la ville d'Ancône, un second poème (« La défiance d'Onfroy ») qui montre une exaction de Ratbert passant par Carpi sans doute pour se rendre à Final « tout au bord de la mer de Gênes », lieu où se réalisera, dans un troisième et dernier poème, le complot annoncé (« La confiance du marquis Fabrice »).

L'organisation du recueil, enfin, fait de la succession des sections un troisième degré de récit, chronologique et logique, depuis les origines de l'humanité jusqu'à la fin des temps, en suivant les avatars du Progrès, ses régressions et ses sauvetages. En se consacrant à la conception du personnage, Claude Millet a pu montrer comment Hugo organise ses personnages en types qui s'intègrent dans une série, par exemple, celles du despote, du chevalier, de l'enfant[27]. Il arrive que les poèmes associent explicitement leurs héros à une série; ainsi Philippe II roi d'Espagne dans « La rose de l'infante » (X) est-il mis en rapport avec Iblis et Caïn, c'est-à-dire avec les poèmes « La conscience » et « Puissance égale bonté » (I); le

Totalisation et fragmentation dans La Légende des siècles

lecteur est invité à voir en lui un avatar du despote, qui trahit dans l'Histoire une logique du pire – « Iblis dans le Koran et Caïn dans la Bible/ Sont à peine aussi noirs qu'en son Escurial/ Ce royal spectre, fils du spectre impérial »[28] – avant d'être transfiguré dans « Plein ciel » quand « s'effac[e] » « la route où marchaient les tyrans »[29] : « tout se tient, se mêle et se confond », « tous les tyrans [ne sont] qu'un seul despote au fond »[30]. *La Légende des siècles* apparaît structurée par la reprise d'un petit nombre de personnages, par des échos thématiques et métaphoriques aussi, grâce auxquels l'ensemble du recueil se soude autour d'une histoire épique, pour peu que l'on choisisse une lecture en série. En ce cas, on peut lire par exemple la section XV, « Vingtième siècle », comme la suite et l'aboutissement des « Paroles dans l'épreuve » (dernier poème de la section précédente). C'est avec succès que le poète se fait orateur pour exorter ses contemporains à « pouss[er] du pied la planche dans l'abîme »[31]; la reconquête de la Révolution, métaphorisée par la bataille navale dans « Paroles dans l'épreuve », a conduit au succès inespéré de « Plein ciel », puisque l'homme a dépassé l'Océan des luttes épiques pour atteindre le ciel de l'utopie.

La logique narrative permet un premier type de liaison des fragments entre eux et conjure d'une première manière la dispersion toujours possible de poèmes hétérogènes. Un autre principe permet d'organiser le fragment : la célèbre antithèse hugolienne apparaît en effet comme une structure d'intelligibilité et de totalisation, qui induit la conception d'un monde *bifrons*. Comme le récit, l'antithèse se trouve à tous les niveaux du recueil, dans un même poème qui oppose par exemple l'humanité des lions et la sauvagerie des hommes (« Au lion d'Androclès », II), dans une même section qui fait contraster le naufrage du navire à vapeur dans « Pleine mer » avec l'envol en liberté de l'aéroscaphe dans « Plein ciel » (XIV), dans le schéma structurant de l'œuvre que récapitule son dernier vers, invitant à « plong[er] » avec l'archange dans la totalité de l'histoire humaine, « Du pied dans les enfers, du front dans les étoiles ! »[32]

A l'antithèse, qui induit une logique picturale dans la mesure où elle associe les contrastes dans des effets de clair-obscur, on ajoutera enfin ce qu'on pourrait appeler une logique interprétative, qui consiste non seulement à moraliser le récit mais à faire surgir le sens du fragment. D'un point de vue thématique, les poèmes montrent la valeur du petit et de ses corollaires : la jeunesse, l'enfance, la pauvreté, la hideur, la bassesse sociale... D'un point de vue formel, ils font apparaître des formes brèves : l'aphorisme, la chute qui vient résorber tous les développements antérieurs dans une formule tranchante (« L'œil était dans la tombe et regardait Caïn »), le monosyllabe, qui concentre l'énergie : « Tiens, roi ! pars au galop, hâte-toi, cours, regagne / Ta ville », « Va ! » dit le chevalier Roland à Nuño (justement proche de l'espagnol niño, l'enfant)[33]. La rhétorique hugolienne en effet, s'appuie dans le recueil sur des effets de contrastes marqués entre accumulation et brièveté. Dans « Dieu invisible au philosophe », le philosophe dans ses ratiocinations accumule les questions :

> Le gouffre est-il vivant ? Larves exténuées,
> Qu'est-ce que nous cherchons ? Je sais l'assyrien,
> L'arabe, le persan, l'hébreu; je ne sais rien.
> De quel profond néant sommes-nous les ministres ?...

Celui qui cherche Dieu par le savoir trouve le doute, tandis que « le petit », en l'occurrence l'âne du philosophe, « s'arrêt[e] court et lui dit : "je le vois." »[34] La forme et le fond sont d'autant plus inséparables dans cet exemple que la formule de l'âne est monosyllabique et que l'expression « s'arrêter court » peut être prise en un double sens et renvoyer au poème lui-même qui « s'arrête court » sur la parole de l'âne. Le fragment dit alors le triomphe du morceau sur le mode du morceau et en donnant à lire au second degré, son principe de lecture... Les leçons prodiguées par les poèmes de *La Légende des siècles* n'ont de cesse de clamer que la vérité se trouve du côté du fragment, voire du trou et de la guenille comme dans le dénouement du « Jour des rois » où un misérable mendiant, véritable larve humaine qui « habite le coin du néant »[35], met en parallèle ses haillons et l'immensité cosmique de la montagne : « Sentez votre fraternité, / Ô mont superbe, ô loque infâme ! »; « et cachez toutes deux, / [...] Toi, les poux dans tes trous, toi, les rois dans tes antres ! »[36]

Clos sur lui-même, autonome, le fragment associe l'œuvre au principe ontologique de l'individuation : « la totalité, c'est le fragment lui-même dans son individualité achevée »[37]. Le pendant existentiel et moral de l'individuation, dans *La Légende des siècles,* est la reconnaissance de l'individualité comme valeur et de l'individu comme refuge pour les temps de crise. De ce fait, l'Histoire totalisante, universelle, se particularise.[38]

Le fragment comme totalité inachevée
Par opposition à la fois à la fragmentation involontaire des textes antiques mais aussi, en aval, aux fragments modernes d'un Nietzsche et d'un Blanchot creusés par l'absence d'œuvre et le refus d'un Système totalisant, le fragment romantique se définit comme la recherche de la totalité à travers le morceau, la bribe. Le modèle idéal du Livre, en tant qu'il inclut plusieurs livres dans un seul livre sacré, à la fois polyphonique et un, c'est la Bible, dont *La Légende des siècles* épouse étroitement le modèle : le premier

poème du recueil offre une Genèse; le dernier promet une Apocalypse. L'ouverture et la clôture du livre correspondent à la création et à la fin du monde. C'est dire le pouvoir mimétique accordé à l'auteur romantique et à l'œuvre littéraire appelée à constituer, dans sa diversité et son unité, l'équivalent de la Création divine. Alors que dans le fragment moderne, « la fracture ne permet plus d'inférer la totalité »[39], le fragment romantique renvoie sans cesse à la totalité qu'il traduit « en petit ».

La conséquence pourtant, d'une totalité appréhendée sur le mode du fragment, c'est de donner à voir une totalité inachevée et fragile, qui existe comme horizon et projet de l'œuvre idéale bien plus que comme réalisation effective. Plutôt que de totalité, il faudrait peut-être parler dans le romantisme et dans *La Légende des siècles*, d'un effort de totalisation, qui met l'accent sur un processus et un devenir, et non sur un état. Heureusement d'ailleurs, puisqu'atteindre la totalité serait quitter la poésie pour entrer dans un Système, puisque l'on figerait alors l'œuvre dans un monument dogmatique et totalitaire alors que Hugo ne cesse de prôner l'envol, la liberté et l'ouverture. L'œuvre idéale, telle que la mettent en abîme l'aéroscaphe de « Plein ciel » (XIV) ou le chant du Satyre (VIII), c'est celle qui sait jouer de « Toute la lyre » :

> Car l'air, c'est l'hymne épars; l'air, parmi les récifs
> Des nuages roulant en groupes convulsifs,
> Jette mille voix étouffées;
> Les fluides, l'azur, l'effluve, l'élément,
> Sont toute une harmonie où flottent vaguement
> On ne sait quels sombres Orphées.[40]

Pour que la totalité demeure compatible avec l'ouverture et la liberté, pour que l'on reste dans une poétique du fragment, il faut que ceux-ci restent fragments, qu'ils résistent en partie à la totalisation et conservent des traces de brisures et de discontinuité. La part négative du morceau, que nous avions dans un premier temps exclue, opère dans ces conditions un retour, la totalité doit être en partie inachevée, à la fois incomplète et à poursuivre.

Dans les poèmes de *La Légende des siècles*, l'inachèvement se manifeste de plusieurs manières : dans les ellipses temporelles dont la plus marquante, dans la première série de 1859, est constituée par l'absence du XVIIIe siècle et de la Révolution française qui n'est présentée que de biais, dans le poème « Paroles dans l'épreuve » (XIII); dans la contradiction majeure entre la préface qui pose une vision progressiste de l'Histoire alors que les récits révèlent une Histoire régressive où l'espérance du Progrès n'est sauvée qu'*in extremis;* dans la nécessité d'un recommencement, que chaque poème au fond ne cesse de mettre en exergue.

Que l'histoire soit toujours à reprendre est d'abord la vérité qu'exprime chaque poème du recueil : Claude Millet l'a montré, le Progrès n'est ni linéaire, ni cumulatif[41]; son sauvetage est toujours à recommencer. Chaque poème du recueil constitue un drame autonome et séparé où se joue dans un premier temps le triomphe du Mal dans toute son horreur, et dans un second temps, l'affirmation inattendue et hautement improbable, du Bien. Ce recommencement incessant dit bien que rien n'est jamais définitif. D'un autre point de vue, l'inachèvement dans la totalité se manifeste aussi par l'importance des effets d'emboîtement : un poème prend place dans une section qui elle-même prend place dans un recueil. Cette insertion du morceau dans une unité supérieure permet de le relier à un ensemble, de dessiner une totalité en mettant en relation la partie et le tout, mais dans le même temps, elle privilégie les lectures polyphoniques et suggère que l'interprétation doit être poursuivie, c'est-à-dire que l'œuvre n'est pas achevée.

Dès la préface pourtant très assertive et positive de 1859, *La Légende des siècles* est présentée comme un livre qui ne constitue qu'un morceau d'un Livre à venir : un Livre idéal dont Hugo rêvait, qui serait constitué par plusieurs « Légendes des siècles », – Hugo parle de séries – elles-mêmes insérées dans une épopée supérieure :

> [L'auteur] a esquissé dans la solitude une sorte de poëme d'une certaine étendue où se réverbère le problème unique, l'Être, sous sa triple face; l'Humanité, le Mal, l'Infini; le progressif, le relatif, l'absolu; en ce qu'on pourrait appeler trois chants : *la Légende des Siècles, la Fin de Satan, Dieu.*[42]

L'inachèvement de la *Légende des siècles* de 1859 s'exprime ainsi dans les deux directions que nous venons d'évoquer : la nécessité du recommencement et la hiérarchisation produite par l'emboîtement. Dès 1859, Hugo avait prévu la publication d'un second livre : le recueil de 1859 n'est qu'une « première partie », une « première série », qui sera suivie « d'autres volumes [...] de façon à rendre l'œuvre un peu moins incomplète »[43]. Le principe de la série n'est pas de découper chronologiquement les siècles, mais de redéployer à nouveau toute la chronologie des origines du monde jusqu'à la fin des temps. En 1877, Hugo publie effectivement une seconde *Légende des siècles* en reprenant le même titre (avec comme sous-titre, *Nouvelle série*). Une dernière série sera publiée en 1883, quelques mois avant une version totalisante de l'œuvre, constituée très probablement par Paul Meurice qui défait le principe sériel des recueils antérieurs dans une édition *Ne varietur*. *La Légende des siècles* n'est donc pas une œuvre de Victor Hugo, mais trois, voire quatre œuvres, successives, différentes et complémentaires de Victor Hugo[44]. A cela vient s'ajouter la trilogie mise en place par la préface de 1859 et qui adoptait pour l'œuvre hugolienne le principe d'une épopée religieuse, sur le modèle de *La Divine comédie* de Dante, en substituant au Purgatoire de celui-ci, l'Histoire humaine, jugée à partir de l'antagonisme métaphysique qui oppose Dieu et Satan. Ce triptyque-là, à la différence des séries, est resté inachevé au sens traditionnel du terme et non au sens romantique : Hugo n'a pas terminé l'écriture de *La Fin de Satan* ni celle de *Dieu*. Le triptyque est donc resté à l'état de projet.

Que le projet posé dans la préface de *La Légende des siècles* ait abouti ou non, il reste que dès son ouverture, l'auteur pose son livre comme complet et incomplet à la fois, plaçant le lecteur dans l'attente d'une totalité qui se trouve figurée en avant de l'œuvre, encore (et toujours) à venir. On retrouve dans ce trait l'ultime dimension de la fragmentation romantique, proposer des « fragments d'avenir » : la fragmentation est « la dispersion qui convient à l'ensemencement et aux futures moissons. Le genre du fragment est le genre de la génération »[45]. On sera sensible à ce qui, dès la préface de 1859, ne s'évacue pas simplement comme des *topoï* du discours préfaciel, la modestie de l'auteur, ses précautions quant à l'achèvement possible de l'œuvre, pour les mettre en dialogue avec l'inachèvement essentiel, intrinsèque à l'impossible désir de totalité. L'écrivain a rêvé d'une « sorte de miroir sombre et clair » (noter la déréalisation qui affecte l'image rendue incertaine et fragile), où il ferait apparaître la « grande figure » contradictoire de l'Homme, mais « l'interruption naturelle des travaux terrestres brisera probablement [le miroir] avant qu'il ait la dimension rêvée par l'auteur »[46]. De même l'énumération enflammée qui "termine" la préface, ou plutôt qui l'ouvre, sur un triptyque achevé qui composerait « la transfiguration paradisiaque de l'enfer terrestre » admet-elle comme réserve le consentement de Dieu, « maître des existences humaines »[47].

Le fragment comme brisure revient ainsi investir l'imaginaire de l'œuvre totalisante, restituant la part de négatif et d'impossible qui l'habite. C'est pour cela que *La Légende des siècles* de 1859 dans sa préface annonce en fait des livres rêvés; c'est dans le même sens que Hugo, dans un projet de préface, distinguait « le livre qu'on fait » du « livre qu'on rêve »[48].

La nouvelle série de 1877, qui accentue la fragmentation comme brisure, ouvrant peut-être la voie au fragment moderne, commence sur un poème en manière de préface, « La vision d'où est sorti ce livre », poème composé en réalité en avril 1859 pour servir d'ouverture à la Première série. Ce poème, finalement rejeté par Hugo en 1859, creuse la puissance de néantisation du Tout dans le fragment :

> J'eus un rêve : le mur des siècles m'apparut.
> [...]
> Ce livre, c'est le reste effrayant de Babel;
> C'est la lugubre Tour des Choses, l'édifice
> Du bien, du mal, des pleurs, du deuil, du sacrifice,
> Fier jadis, dominant les lointains horizons,
> Aujourd'hui n'ayant plus que de hideux tronçons,
> Épars, couchés, perdus dans l'obscure vallée;
> C'est l'épopée humaine, âpre, immense, – écroulée.[49]

Ainsi, l'épopée n'existe que quand elle est écroulée, – et plus que jamais, l'écriture totalisante, d'essence fragmentaire, fixe les vertiges d'un rêve...

Myriam Roman
Université de Paris IV-Sorbonne

Notes

1. Lukacs, Georg (1989) : *La Théorie du roman* (1920), traduit de l'allemand par Jean Clairevoye, Paris, Gallimard, Tel, p. 38.
2. V. Hugo à Auguste Vacquerie, 6 mars 1859, dans Hugo, Victor (1969) : *Œuvres complètes*, Paris, Club français du livre, t. X, p. 1296.
3. Paul Meurice à V. Hugo, 13 mars 1859, dans Hugo (1969) : *Œuvres complètes*, Paris, Club français du livre, t. X, p. 1297. Pour l'historique de l'œuvre, dans ses quatre étapes successives, nous renvoyons à l'introduction d'Arnaud Laster à l'« édition définitive » de 1883, Hugo, Victor (2002) : *La Légende des siècles*, Paris, NRF, Poésie / Gallimard, en particulier pp. XXVII-XXXIV.
4. V. Hugo à Hetzel, 3 avril 1859, dans Hugo (1969) : *Œuvres complètes*, Paris, Club français du livre, t. X, p. 1300.
5. Hugo accepte cependant, à la demande de son éditeur, de maintenir *Les Petites Épopées* comme sous-titre.
6. Hugo, Victor (2000) : *La Légende des siècles*, Première série, éd. de Claude Millet, Paris, Librairie générale française, Le Livre de Poche classique, p. 45. Toutes nos références à la première série de *La Légende des siècles* sont données dans cette édition.
7. La première définition du mot dans le *Grand Dictionnaire Universel du XIXe siècle* de Pierre Larousse fait du fragment le « morceau d'une chose brisée », conformément à l'étymologie du verbe latin *frangere*, « briser, mettre en pièces ».
8. Hugo, Victor : *William Shakespeare*, I, IV, dans Hugo (1985) : Œuvres complètes, Robert Laffont, Bouquins, vol. *Critique*, pp. 324-325.

9. Hugo : *La Légende des siècles*, Première série, p. 43.
10. Pour les enjeux du fragment romantique, nous nous appuyons sur la théorie exposée et commentée par Philippe Lacoue-Labarthe et Jean-Luc Nancy dans *L'Absolu littéraire. Théorie de la littérature du romantisme allemand*, Paris, Seuil, Poétique (1978), en particulier la première partie, pp. 57-80 (« L'exigence fragmentaire »).
11. Fragment 206, paru dans la deuxième livraison du premier vol. de *L'Athenaeum* en 1798 [non attribué], dans Lacoue-Labarthe et Nancy (1978), p. 126.
12. Aristote (1990) : *Poétique*, 1459a, traduit par Michel Magnien, Paris, Librairie générale française, Le Livre de Poche classique, p. 123.
13. Préface de *La Légende des siècles*, p. 44.
14. Voir justement le passage d'Aristote que Hugo démarque dans sa préface : l'épopée est fondée, comme la tragédie, sur « une action une, formant un tout et menée jusqu'à son terme, ayant un commencement, un milieu et une fin, pour que, *pareille à un être vivant qui est un et forme un tout*, elle procure le plaisir qui lui est propre ». (Nous soulignons.) Aristote (1990) : *Poétique*, p. 123. Dans ses commentaires, Michel Magnien montre qu'Aristote emprunte à l'histoire naturelle et postule une analogie entre le poème et un être vivant, pp. 24-25.
15. Préface de *La Légende des siècles*, p. 44.
16. On la retrouve ainsi dans les *Proses philosophiques* de 1860-1865, dans *Philosophie. Commencement d'un livre* : « Rien n'est solitaire, tout est solidaire », Hugo (1985) : *Œuvres complètes*, Paris, Robert Laffont, Bouquins, vol. *Critique*, p. 508.
17. Préface de *La Légende des siècles*, pp. 44-45.
18. *Ibid.*, pp. 45-46.
19. Nous reprenons l'histoire du genre brossée par P. Lacoue-Labarthe et J.-L. Nancy (1978), p. 58.
20. Voir l'article de Jean-Marc Hovasse, « Les formes poétiques marginales dans la Première Série de *La Légende des siècles* », dans Diaz, José-Luis [dir.] (2001) : "La Légende des siècles" de Victor Hugo. Les "sombres assonances de l'histoire", Actes du colloque d'agrégation du 12 octobre 2001, Paris, Sedes, Société des Études romantiques, pp. 133-144. La variété des mètres et des formes poétiques sera cependant bien plus grande dans la nouvelle série de 1877.
21. *La Légende des siècles*, Première série, XI, « La chanson des aventuriers de la mer », p. 415.
22. XV, « La trompette du Jugement », p. 513.
23. Combe, Dominique (2001) : « *La Légende des siècles*, "poèmes multiformes". Les genres épiques dans les Poëmes du XIXe siècle », *Méthode*, automne 2001, pp. 177-184.
24. Hugo : [Les Traducteurs], *Proses philosophiques*, p. 621.

25. Préface de *La Légende des siècles*, Première série, p. 44.
26. *La Légende des siècles*, V, « Les chevaliers errants » : pp. 173, 175-176.
27. Millet, Claude (2001) : « Épopée, Histoire universelle et psychologie », dans Diaz [dir.] (2001) : « La Légende des siècles » de Victor Hugo. Les « sombres assonances de l'histoire », pp. 43-56, en particulier p. 44.
28. *La Légende des siècles*, Première série, IX, « La rose de l'Infante », p. 399.
29. *Ibid.*, XIV, « Plein ciel », p. 506.
30. *Ibid.*, IX, « La rose de l'Infante », p. 404.
31. *Ibid.*, XIII, « Paroles dans l'épreuve », p. 473.
32. *Ibid.*, XV, « La trompette du Jugement », p. 521.
33. Ces éléments sont développés par Catherine Fromilhague dans son article, « Voix des *Petites Épopées : La Légende des siècles*, "poème épique moderne" ? », dans Fromilhague, Catherine [dir.] (2001) : *Styles, genres, auteurs*, Paris, Presses Universitaires de Paris-Sorbonne, Bibliothèque des Styles. Voir aussi l'article de Florence Naugrette, « Chutes et pointes dans *La Légende des siècles* », dans Diaz [dir.] (2001) : « *La Légende des siècles* » de Victor Hugo. Les « sombres assonances de l'histoire », pp. 161-173.
34. *La Légende des siècles*, Première série, II, « Dieu invisible au philosophe », p. 87.
35. *ibid.*, IV, « Le jour des rois », p. 157.
36. *ibid.*, IV, 7, « Le jour des rois », p. 170.
37. Lacoue-Labarthe et Nancy (1978), p. 64.
38. Claude Millet résume ainsi les enjeux de la fragmentation de l'épopée en « petites épopées » : « La fragmentation permet [...] au récit totalisant de l'Histoire universelle d'échapper à l'abstraction, au sens de l'Histoire de s'affirmer dans la particularité de fables concrètes, à l'Homme de s'incarner dans des hommes. » Millet, Claude (1995) : *Victor Hugo. La Légende des siècles*, Paris, P.U.F., Études littéraires, p. 65.
39. Montandon, Alain (1992) : *Les Formes brèves*, Paris, Hachette supérieur, Contours littéraires, p. 96.
40. *La Légende des siècles*, Première série, XIV, « Plein ciel », pp. 490-491.
41. Millet (1995), p. 80.
42. *ibid.*, pp. 44-45, 50.
43. *ibid.*, p. 45.
44. Il n'est pas certain d'ailleurs que ce soit la quatrième version, la somme des trois précédentes, qui constitue l'œuvre la plus totale, puisqu'elle est en même temps celle qui est la plus éclatée, sans ces pactes de lecture que proposent la préface de 1859 et le poème « La vision d'où est sorti ce livre » dans les séries de 1859 et de 1877. Le cas de la série de 1883 est plus ambigu. Voir sur ce point l'ouvrage cité de C. Millet (1995), pp. 20-23.
45. Lacoue-Labarthe et Nancy (1978), p. 71.

46. Préface de *La Légende des siècles*, p. 44.
47. *ibid.*, pp. 50-51.
48. Reliquat de *La Légende des siècles*, Première série, Notes et projets pour la préface, dans Hugo (1969) : *Œuvres complètes*, Club français du livre, t. X, p. 672.
49. Hugo, « La Vision d'où est sorti ce livre », *La Légende des siècles*. Nouvelle série, dans Hugo (1969), pp. 817 et 821-822. Pour une étude de la singularité de la nouvelle série, nous renvoyons aux travaux de C. Millet (1995), pp. 46-50, et (1991) : *Le Mur des Siècles. La représentation de l'Histoire dans la Nouvelle Série de La Légende des siècles de Victor Hugo*, thèse de doctorat dirigée par M. Guy Rosa, Université Paris VII-Denis Diderot.

Du *Rhin* à la Manche.
Ensembles et dispersions dans la vision de l'histoire chez Hugo

par
Hans Peter Lund

Introduction

On considérera ici l'état fragmentaire de quelques épopées ou poèmes philosophiques écrits par Hugo pendant son exil sur les îles de la Manche. Le fait qu'il s'agisse de fragments peut s'expliquer par la situation personnelle et historique vécue par l'écrivain. Quoi qu'il en soit, les œuvres en question sont en contradiction avec la vision totale de l'histoire qu'il avait brossée avant 1851. On trouve un exemple de cette vision dans le récit de voyage du *Rhin* (1842), où le voyageur rend compte de ses déplacements dans des « lettres » adressées à un correspondant fictif à Paris, pour aboutir, au terme de ses impressions diverses, à une vision d'ensemble. Le récit de voyage de Hugo, inspiré de ses excursions sur ce long fleuve chargé d'histoire, représente une tentative pour réunir le cœur (l'Allemagne) et la raison (la France) dans une totalité appelée Civilisation. Cette totalité tombera parfois en fragments après 1851.

La vision de l'histoire en question concerne tout particulièrement celle de la grande Révolution de 1789 et ce qui en est advenu après. Dans un premier temps, Hugo part de la conviction que toute révolution fait partie du progrès, lequel implique, selon le roman des *Travailleurs de la mer*, une « diminution de la bêtise »[1], et caractérise, selon les fragments réservés de *William Shakespeare*, l'âge moderne désigné dans la citation suivante par une expression importante :

> En ce qui concerne la civilisation, entre la conception religieuse, telle qu'elle est à cette heure, et la conception philosophique, la différence radicale [...] c'est la déplacement de l'éden. Il était en arrière, il est en avant. [...]

Nous sommes dans *le siècle des accomplissements*. La science, ce grand fait révolutionnaire, dégage successivement toutes les inconnues que la philosophie avait devinées et que la poésie avait idéalisées.[2] (C'est nous qui soulignons.)

Ceci vaut évidemment pour la position de Hugo lui-même ; la poésie idéaliste pourrait être la sienne, encore que les fragments de poèmes que nous allons considérer semblent mettre une certaine distance entre le poète et l'idéalisme tout court[3]. Mais une nouvelle utopie peut être esquissée. Elle est accompagnée, dans le même texte, d'une vision historique assez particulière. En 89, dit-il, l'homme s'était échappé des ténèbres ; « 89 est une évasion [...] l'homme est sorti du passé ». Et comme toujours chez Hugo, la vision est illustrée par une image forte, ici l'opposition entre ténèbres et lumière, « les vagues épaisseurs du mal » et les « lueurs du vrai jour ». Donc, affirme-t-il, « l'homme progresse ». En fait, il n'en est pas si sûr, quelque chose manque dans ce passage, un « détail », qui n'en est pas un, dans la vision de l'histoire : 93.

93, année funeste – et une des grandes années marquées par l'*anankè* dans la soi-disant civilisation européenne, par cette *fatalité* qu'il faut briser[4], car elle fait obstacle aux interprétations dialectiques de l'Histoire. L'année 93 est omise dans la vision formulée à la fin du *Rhin*, mais elle est très présente ailleurs, notamment dans une œuvre en vers esquissée vers la fin de 1857 et formée par Les Révolutions, Le verso de la page, et *La Pitié suprême*. A partir des manuscrits, Pierre Albouy avait pu reconstruire et présenter, en 1960[5], l'intégralité de la partie médiane de cette œuvre. Il est temps de revenir sur ce texte qu'on peut interpréter, selon nous, comme la vision d'une page sanglante de l'histoire qui fait barrage à Hugo et l'empêche d'arriver à une vision totalisante – et, par conséquent, de dépasser les traumatismes provoqués par l'histoire révolutionnaire. La clémence suggérée dans *La Pitié suprême*, la suite projetée du *Verso de la page*, aurait permis un passage de la Révolution à l'Avenir, de l'ancienne à la nouvelle histoire.

Retraçons maintenant la voie suivie par Hugo de la vision épurée de l'histoire, celle du *Rhin*, à la vision noire, plus vraie, mais fragmentée, dans ce que Pierre Albouy appelait avec justesse la « nébuleuse poétique », née sur les îles de la Manche. On procède dans ce qui va suivre par thèmes et on avance une lecture qui se situe à l'intérieur de l'imaginaire de Hugo.

Le Rhin

La confrontation du *Rhin* avec les textes poétiques que nous venons de citer permet de voir plus clairement la différence, dans l'œuvre de Hugo, entre la continuité horizontale (l'eau du fleuve), et l'abîme vertical (les profondeurs de la mer) qui installe la fracture. On n'a pas l'intention d'établir une nouvelle répartition en « autrefois » et « aujourd'hui », comme dans *Les Contemplations*, cette œuvre noire, quoique la coupure de 1843, vingt mois après la publication du *Rhin*, œuvre optimiste, peut être mise en parallèle avec celle de 1851.[6]

Nous préférons plûtot nous arrêter au Rhin et à la Manche, à ces deux phénomènes topographiques contradictoires : le Rhin qui ne sépare pas, mais *réunit*, de façon idéale, tout au long de ses rives, et la mer, destructrice dans ses tempêtes, qui *sépare* les hommes exilés de leur patrie. « Les édifices de la mer s'écroulent comme les autres, » dit Hugo dans « L'archipel de la Manche », premier chapitre des *Travailleurs de la mer*, « seulement entre l'embouchure de l'Elbe et l'embouchure du Rhin, sept îles sur vingt-trois ont sombré »[7]. L'abîme est vorace, comme l'être humain désigné, à l'entrée du sous-chapitre que nous venons de citer, comme *homo edax*. Ici, Hugo voit clair, surtout lorsqu'il précise – il est permis de penser justement aux deux années de 89 et de 93 – que l'homme « reconstruit avec la destruction ». Lui aussi, poète et prosateur, reprend et reconstruit : ne développe-t-il pas la veine de *La Pente de la rêverie* dans le Livre VI des *Contemplations*, et ne reconstruit-il pas un roman intitulé *Les Misérables* à partir des « Misères », fragments restés inachevés avant l'exil ?

Deux poèmes des *Contemplations* en disent long sur les différences topographiques, révélatrices d'autres différences, entre fleuve et mer : « Lettre » (Livre II, VI) et « Eclaircie » (VI, X) :

> Un fleuve qui n'est pas le Gange ou le Caystre,
> Pauvre cours d'eau normand troublé de sels marins ;
> [...]
> L'eau coule, un verdier passe ; et, moi, je dis : Merci !
> Merci, Dieu tout-puissant ! [...]
> [...] l'Océan est hydre [...].
> [...].
> Le jour plonge au plus noir du gouffre, et va chercher
> L'ombre, et la baise au front sous l'eau sombre et hagarde.

1843 sépare l'eau qui coule paisiblement portant la barque de sa fille et l'océan-abîme renfermant son corps... C'est encore le fleuve et la mer, et nous retrouvons le Rhin et la Manche. Cependant, 1843 relève de l'ordre personnel et de l'explication par la biographie, et la rupture dans l'œuvre de Hugo est peut-être plus encore d'ordre politique et historique.

Le Rhin dont Hugo remonte le cours attire et concentre *toutes* les images du monde, églises et foires, passé et présent, histoires[8] et Histoire... C'est aussi l'image d'une certaine continuité, celle du temps qui passe comme l'eau qui coule. Elle charrie avec elle les légendes et l'Histoire :

> [...] j'aime les fleuves. Les fleuves charrient les idées aussi bien que les marchandises. Tout a son rôle magnifique dans la création. Les fleuves [...] chantent à l'océan la beauté de la terre, la culture des champs, la splendeur des villes et la gloire des hommes. (p. 99)
>
> Dans ces lieux déserts, à ces heures bizarres de la nuit, on est tendre aux superstitions, et je vous déclare que toutes les légendes du Rhin et du Neckar commençaient à me revenir à l'esprit [...]. (p. 282)
>
> Au reste, les païens, c'est-à-dire les sicambres, selon les uns, et les romains, selon les autres, ont laissé des traces profondes dans les traditions populaires qui se mêlent ici partout à l'histoire [...]. (p. 283)
>
> Il me semblait que tous ces hommes, tous ces fantômes, toutes ces ombres qui avaient passé depuis deux mille ans dans ces montagnes, Attila, Clovis, Conrad, Barberousse, Frédéric-le-Victorieux, Gustave-Adolphe, Turenne, Custines, s'y dressaient encore derrière moi et regardaient comme moi ce splendide horizon. (p. 289)
>
> Je suis entré dans le Roemer. [...] Après avoir erré [...] j'ai fini par trouver une servante qui [...] m'a conduit à la salle des Empereurs. [...] L'ensemble est austère, sérieux, tranquille, et fait plus songer que regarder. (p. 227)

Continuité parfois menacée, mais alors aussitôt rétablie, car pour admirables que soient les hommes, ils travaillent pour « le vent qui souffle, pour l'herbe qui pousse » (p. 295), et pourtant, souligne Hugo, « rien n'est plus grand que ce qui est tombé » (p. 303).

Cette expérience pousse Hugo à faire le bilan, au fond le *grand* bilan de *tout*, à tâcher d'établir la totalité de l'histoire subsumée dans l'image du Rhin traversant et rassemblant, c'est ce qu'il espère, l'Europe[9]. Il commence son esquisse, lorsque, dans la Lettre Onzième, il s'arrête au monarque Louis XIV, qu'il admire, aimant, il l'admet volontiers, « les choses *réussies* et complètes » (p. 88) ; nous rencontrerons Louis XIV, mais sous une lumière tout à fait différente, dans la première partie de notre triptyque poétique intitulée « La Révolution, Les statues ». Dans *Le Rhin*, il s'agit pour Hugo de rendre, par les personnages, par le paysage, par la topographie, une *totalité* : « Le Rhin réunit tout », déclare-t-il, parce que le cours de ce fleuve, extrêmement varié, semble évoquer celui des autres fleuves d'Europe[10]. Telle ville, peut-être peu visitée (Andernach), réunit *tout*, l'histoire, la nature, la poésie (p. 97), et c'est à propos du Rhin que Hugo proclame l'horreur du vide chez l'homme : « L'imagination de l'homme, pas plus que la nature, n'accepte le vide. [...] Où cesse la certitude historique l'imagination fait vivre l'ombre, le rêve et l'apparence. Les fables végètent, croissent, s'entremêlent et fleurissent dans les lacunes de l'histoire écroulée [...] » (p. 102), point de vue qui non seulement révèle le côté romantique du voyage (l'idée de la totalité est une partie des fondements du romantisme), mais également la propension hugolienne à relier fabulation et historicisme, fiction et histoire, visions et réalités. Le récit de voyage du *Rhin* représente ainsi la *vision* totale qui remplace les méandres du pays rhénanien retracés en cours de route. C'est ce que la vision d'Aix-la-Chapelle montre clairement :

> Comme la nuit tombait je me suis assis sur une pente de gazon. Aix-la-Chapelle s'étalait tout entière devant moi posée dans sa vallée comme dans une vasque gracieuse. [...] Il ne s'est plus détaché de toute cette cité que deux masses distinctes, l'Hôtel-de-Ville et la Chapelle. Alors toutes mes émotions, toutes mes pensées, toutes mes visions de la journée me sont revenues en foule. La ville elle-même [...] s'est comme transfigurée dans mon esprit et sous mon regard. La première des deux masses noires [...] n'a plus été pour moi que la crèche d'un enfant, la seconde que l'enveloppe d'un mort ; et par moments, dans la contemplation profonde où j'étais comme enseveli, il me semblait voir l'ombre de ce géant que nous nommons Charlemagne se lever lentement sur ce pâle horizon de nuit entre ce grand berceau et ce grand tombeau. (p. 70)

Union des contraires, établissement d'une continuité, comme dans l'image de la cathédrale de Cologne, « œuvre interrompue en 1499 », mais reprise : « On continue la cathédrale de Cologne ; et, s'il plaît à Dieu, on l'achevera » (p. 76).

Au fond, dans ce récit de voyage, nous sommes devant toute une vision historique, devant la construction d'un ensemble et la reconstruction d'une unité. L'histoire se fait jour de multiples manières, et Hugo n'oublie pas, si l'occasion se présente, de déchiffrer les témoignages historiques écrits ou entendus qu'il s'ingénie à transcrire dans son texte, qu'il s'agisse d'inscriptions sur des épitaphes (p. 76), de légendes gravées autour de bas-reliefs (p. 97), de chiffres mystérieux (p. 115), ou encore de textes de chansons (p. 113). Tout peut servir, tout servira.

Le Rhin sépare *et* rassemble, c'est un élément géographique important, qui frappe Hugo par sa constitution toute contraire à celle de la mer ; il admire donc plutôt la longueur du fleuve que sa profondeur[11]. Le Rhin n'est pas « abîme », il ne s'arrête pas, étant formé par le cours d'eau correspondant au cours du temps ; les terres qui renferment du début à la fin ce cours d'eau paisible sont tout le contraire des *archipels*, des îles dispersées dans la Manche.

Dans l'Europe, ce fleuve a « une sorte de signification providentielle » : il établit une frontière untre le Sud et le Nord, et d'une autre façon il sert à réunir Europe – même si, souvent, il la déchire. Hugo fait un parcours textuel de ce « fleuve de paix », où les chênes regardent les vignes, où la force rencontre la joie ; il énumère tout ce que charrie le fleuve, des sapins aux cerises, des ardoises aux meules, des eaux minérales aux soieries (p. 107). Cette manière de voir les choses comme un ensemble en y intégrant les contraires[12] se voit confirmée dans un passage qui clôt la Lettre quatorzième, et qui énumère explicitement les différents éléments rassemblés sous le signe de la Providence ; le Rhin comme ensemble est bien un symbole de l'histoire :

> [...] le Rhin, fleuve providentiel, semble être aussi un fleuve symbolique. Dans sa pente, dans son cours, dans les milieux qu'il traverse, il est, pour ainsi dire, l'image de la civilisation qu'il a déjà tant servie et qu'il servira tant encore. Il descend de Constance à Rotterdam, du pays des aigles à la ville des harengs, de la cité des papes, des conciles et des empereurs au comptoir des marchands et des bourgeois, des Alpes à l'Océan, comme l'humanité elle-même est descendue des idées hautes, immuables, inaccessibles, sereines, resplendissantes, aux idées larges, mobiles, orageuses, sombres, utiles, navigables, dangereuses, insondables, qui se chargent de tout, qui portent tout, qui fécondent tout, qui engloutissent tout ; de la théocratie à la démocratie ; d'une grande chose à une autre grande chose. (p. 110)

Ce sont partout des concepts comme « diversité » et « ensemble » qui servent à Hugo pour définir ses impressions plus générales[13]. Presque chaque ville lui offre l'occasion de se répandre sur une histoire qui, à chaque fois, se tient, forme un ensemble, une continuité, comme c'est le cas pour Speyer, racontée depuis sa fondation légendaire jusqu'en 1693, l'année de la conquête de la ville par Louis XIV, et, exceptionnellement, en... 1793 : « O représailles de la destinée ! 1693, 1793 ! équation sinistre ! admirez cette précision formidable ! » (p. 273).

Mais le Rhin a beau concrétiser cet ensemble, il mène aussi, quand il débouche sur l'océan, aux dangers, à l'insondable, à l'engloutissement. Ces images préfigurent l'expérience de l'exil hugolien sur les îles de la Manche : l'insondable rappelle « Ce que dit la bouche d'ombre » ; l'insécurité des choses mobiles et l'engloutissement ressurgissent dans *Les Travailleurs de la mer*, la démocratie sera au centre de *L'Homme qui rit*. Au bout du Rhin, lorsque prend fin l'aire de la totalité, il y a la dispersion dans la diaspora. Dans l'exil de Hugo, cette dispersion sera, comme on le verra, provoquée par le spectre de 93.

En attendant, quelle est la place occupée par la Révolution dans le texte du *Rhin* ? Dans la Préface[14], Hugo souligne que son fleuve-texte va à travers tout ce qui compose le monde des hommes (nature, bâtiments, idées, inventions matérielles), vers son but dans le « double et profond océan du présent et du passé, la politique et l'histoire » (p. 10). Le Rhin semble ainsi mener le voyageur à la politique, plutôt que d'englober celle-ci avec le reste. On peut donc se poser la question : Que pense Hugo de la Révolution et de 93, dans *Le Rhin* ?

A plusieurs reprises la même chose : que la grande Révolution était nécessaire, qu'elle était dans les projets de la Providence, qu'elle avait sa place dans le progrès de l'humanité... Or, Hugo n'éprouve pas de scrupules en disant que la fracture avait été une destruction « pour jamais », que rien n'a survécu, que rien ne s'est recomposé... (pp. 216-217). Il ne met pas en question le bien-fondé de la grande fracture éliminant la royauté au cour de « la grande année-abîme » . La Révolution, c'était « un fait providentiel », une « résultante nécessaire [...] de tout l'antique ensemble européen » (p. 216)... Cependant, il n'en dit pas davantage, sauf, à propos de l'histoire de Mayence, un détail extrêmement significatif pour sa conception de l'histoire à ce moment. Un vieil astrologue du nom de Mabusius est condamné à mort, mais juste avant de subir le supplice on lui demande en quelle année finiront les archevêques de Mayence ; il grave dans la pierre du gibet un polygramme énigmatique pour ses contemporains, mais parfaitement lisible pour Hugo. Cependant, *Le Rhin*, comme on l'a vu, rétablit l'ensemble, sur d'autres échafaudages peut-être, mais le grand ensemble européen est bien là, étalé par l'auteur dans sa longue conclusion.

Dans la partie historique de l'ensemble européen, peu de choses sur la Révolution – sauf lorsqu'il en arrive à son idée bien connue d'une entente franco-allemande qui sauvera la paix en Europe. Là encore, le Rhin aurait un rôle à jouer, c'est « le fleuve qui doit les unir ; on en a fait le fleuve qui les divise » (p. 411). Or, là, surgit tout d'un coup 1793, date bien plus lugubre que les deux années de la révolution en Angleterre, 1587 et 1649 (p. 421).

Puis, Hugo passe à l'idée nécessaire de liberté. Aucun sous-entendu, aucune reproche, aucune mise en doute de la légitimité ou de la justice qu'on trouverait ou devrait trouver à l'arrière-fond de cette conception de l'histoire proche. 93 est à l'horizon de la pensée hugolienne, mais *Le Rhin* ne confronte pas le problème. Hugo n'est pas encore Chateaubriand[15].

Le Verso de la page
Pendant l'hiver 1857-1858, Hugo est près d'achever un vaste poème en trois parties. Il est constitué de ce que nous connaissons aujourd'hui sous le titre de *La Révolution* (de 1164 vers, figurant comme *Le Livre épique* à la fin des *Quatre vents de l'esprit*), puis d'une section intitulée *Le verso de la page* (env. 1356 vers), manuscrit démembré qui était à l'origine une longue réflexion historique sur 93, au sens large (Terreur, coupure historique, symbole de mort), et enfin de *La Pitié suprême*, texte de 1358 vers publié isolément en 1879. Les morceaux détachés de la section médiane – le démembrement eut lieu, selon toute vraisemblance, en 1870 – furent insérés (une bonne douzaine au total) dans *Toute la lyre*, *Les Quatre Vents de l'esprit*, *L'Année terrible*, *L'Art d'être grand-père*, et *La Légende des siècles*. L'étude génétique de cette opération a été faite, voici longtemps, par Pierre Albouy à partir des manuscrits, et présentée dans l'article cité ci-dessus. Ce qui nous intéresse ici, c'est d'abord le fait que le *Verso de la page* a été à ce point dispersé, ensuite, détail intéressant, que ce sont exactement les réflexions de Hugo sur cette fracture historique qui se trouvent ainsi dispersées, car placé entre *La Révolution* et *La Pitié*, *Le Verso de la page* traite des crimes qu'il faudrait transcender pour arriver à un avenir lumineux, celui-là même qui était annoncé dans la Conclusion du *Rhin*.

Voici de quoi il est question dans les trois textes considérés comme un ensemble.

La Révolution, première section du triptyque, met en scène une partie de l'histoire des rois de France tout en instruisant le procès de ceux-ci : les « Statues » d'Henri IV, de Louis XIII et de Louis XIV, qui se trouvaient autrefois à Paris, s'acheminent vers la Place de la Révolution pour saluer la statue de Louis XV. Mais le cortège royal ne sera pas seul, et dès le vers 179 de cette première section, Hugo s'ingénie à donner une idée du long passé ayant amené, voire provoqué la Révolution et 93. C'est que « derrière tout roi qui passe, quel qu'il soit, / Toute la royauté se dresse » ; et contre cette royauté, c'est tout « L'ancien Paris » qui élève « un bruit sombre » ... « comme le cri solennel et sauvage, / De la vieille misère et du vieil esclavage, / Comme le hurlement de mille ans révoltés ». Mais ceci n'est qu'une évocation de l'opposition fatale entre le Pouvoir et les Opprimés ; plus dramatique encore est l'image des cariatides de Germain Pilon au Pont Neuf, symbole du peuple qui a subi une « aveugle anankè » (v. 235) et qui, maintenant, se libèrent de leurs attaches de pierre pour suivre les rois :

> – Troupeau, tourbe, foule hagarde,
> Manants, réveillez-vous ! populace, regarde ;

[...]
Voici trois de vos rois qui marchent sous les cieux
[...]
Ils ont plus d'ombre en eux que n'en a la nuit même.
[...] (vv. 315-321)

Arrivé à la Place de la Révolution, tout le cortège s'arrête, horrifié, devant la guillotine, car la statue de Louis XV a depuis longtemps été enlevée. A sa place, on voit l'instrument de la mort – et on aperçoit une tête, celle de Louis XVI, qui « pass[e] dans l'ombre formidable ».

C'est ici que Hugo avait l'intention de placer *Le Verso de la page*, donc le verso de la page du cours de l'histoire, la page de l'horreur provoquant le règlement de compte personnel de Hugo avec les actes des tyrans tout autant qu'avec ceux des représentants « titaniques » du peuple qu'étaient les meneurs de la Terreur.

Les fragments qui auraient constitué *Le Verso de la page*, que contiennent-ils ? Dans un premier temps, c'est la suite directe de l'histoire racontée dans *La Révolution*, et du mot prononcé par Louis XVI décapité : « C'est la fin. » La guillotine est évoquée, et le mouvement horizontal de la Seine aussi, mais on ne voit pas celle-ci. Seule la coupure est réelle, celle de 93. Après cette « fin » de tout, *Le Verso de la page* reprend et continue la réflexion dans un premier fragment : « Non, ce n'est pas la fin. Non, non, tout n'est pas dit. [...] le bourreau n'a pas le dernier la parole. [...] L'avenir triomphant veut une autre auréole / Que l'âpre flamboiement des expiations. »[16] Mais 93 coupe tout... jusqu'au texte même où Hugo se proposait de tout recomposer. Que le bourreau n'ait pas le dernier la parole est contredit par le fait que 1851, puis 1870-71 répètent en partie la Terreur, et que certains fragments du *Verso de la page* se trouvent regroupés avec des textes se référant à 1871 et placés dans *L'Année terrible*[17].

Le Verso de la page contient essentiellement des réflexions sur la guillotine, et sur 93, année si brièvement évoquée dans *Le Rhin* que Hugo pouvait construire la belle totalité relevée ci-dessus, au niveau du temps (l'Histoire) comme au niveau de l'espace (l'Europe). *Le Verso de la page*, au contraire, installe l'écart et obstrue le passage par où l'humanité aurait trouvé son chemin vers l'avenir ; c'est le texte des abîmes où s'engloutit ce qui aurait pu couler vers le futur. *Le Verso de la page* reflète ainsi l'imaginaire océanique formé sur les îles de la Manche. 93 n'est plus seulement un poteau, une guillotine, c'est désormais un « puits », un « abîme »[18] où tout s'arrête et s'engloutit, dans des images évoquant la mer et ses profondeurs fatales. La *verticalité* se retouve dans toutes les représentations de la coupure : la Convention est un « cratère », un « gouffre fumant » (v. 196).

Cette verticalité, c'est celle de la hache de la guillotine qui tombe, effet de la vengeance, exemple des représailles, de la Justice, bref, de la loi du talion[19]. C'est contre cette *verticalité* que s'insurge la pensée de Hugo, contre cet *arrêt* qui empêche les hommes d'aller plus loin, vers l'avenir, dans un mouvement de progrès[20].

Pour entrer quand même dans l'avenir, malgré cet arrêt total, il faut passer par le sépulcre et la mort. Hugo interprète l'exécution du Roi comme un « enfantement », et « le chemin des tombes » pourrait se révéler être « La route du progrès » (*L'Année terrible*, V, v. 40). Dans « L'Humanité »[21], Hugo proclame que « C'est à travers le mal qu'il faut sortir du mal », et que l'avenir ne s'ouvre que « par ce pas sépulcral » ; dans un fragment inséré sous le titre de « L'Echafaud » dans *Les Quatre vents de l'esprit,* XVI, v. 24, il dit encore ceci : « Je mure le sépulcre et j'ouvre la fenêtre » ; et encore dans *L'Année terrible*, V, v. 229 : « Si le mal est sépulcre, il est aussi berceau » – oui, nous citons bien *L'Année terrible*, ce poème sur la répétition fatale de 93 au moment de la Commune.

Mais cette interprétation, qui rétablit une sorte de continuité, certes, lugubre, est en contradiction avec la vision de la coupure brutale, et c'est là peut-être une des raisons pour lesquelles Hugo a abandonné son triptyque. Le passage vers l'avenir ne doit pas se servir de la loi du « talion » et réclamer la vengeance, mais uniquement assumer la présence du mal, s'incliner devant la réalité, même si celle-ci est en contradiction avec la loi[22]. Mais le passage s'exprime dans des images de mort et de destruction, et il y a dans tous ces vers une forte attraction pour cette espèce de coupure qui ne peut être symbolisée que par la guillotine, le couperet – ou la hache. Mais c'est pour la renier : « La hache ? Non. Jamais. Je n'en veux pour personne. [...] c'est toujours / Le même crime errant dans la même nuit noire » (*Les Quatre vents de l'esprit*, XX, v. 37).

Plus de fleuve, donc, de temps qui coule ; à sa place, nous voici devant l'océan et sa profondeur abyssale et engloutissante. Mais Hugo semble se révolter contre cette « aveugle anankè », cette fatalité, dans le poème « L'Echafaud » (*Les Quatre vents de l'esprit,* XVII ; cf. XX). Car l'échafaud, c'est le véritable « verso de la page », le principe de la vengeance qu'il faut abandonner parce qu'il est criminel (« la hache fait un crime », « L'Echafaud », v. 40). A plusieurs reprises, il se retourne comme c'est désormais son principe – expression forte de sa volonté de dépasser le dilemme soulevé par 93 – contre la loi du talion (cf. fragments insérés dans *Les Quatre vents de l'esprit*, XX, vv. 44, 64-65 ; XVII, v. 1 ; *Toute la lyre*, XXVI, v. 288), contre la populace et sa guillotine plutôt que contre le peuple, qui représenterait dans son imagination le dépassement même de l'état de « populace » qui n'est que « nombre » (dans le fragment figurant comme prologue à *L'Année terrible*, vv. 100-105). « Tout supplice est un fait contre la loi », proclame-t-il (*Les Quatre vents de l'esprit*, XX). Mais il admet l'existence réelle de « tombes » tout au long du « chemin du progrès » (fragment figurant dans *L'Année terrrrible*, V, v. 40). Aussi voit-il les questions s'accumuler, car si l'histoire est sanglante et que finalement ce doit être Satan et Caïn qui ouvrent les portes de l'Eden, alors ce même progrès n'est pas assuré. Il faut d'autres bras et d'autres idées, comme il le dit dans le fragment qui est devenu le poème de « L'Humanité » : « Ce grand Quatrevingt-treize a fait ce qu'il dut faire ; / Mais nous qui respirons l'idéale atmosphère / Nous sommes d'autres cœurs ; les temps fatals sont clos » (vv. 323-325).

La confiance dans l'avenir sera son fin mot, et cela malgré la ruine des croyances chrétiennes ; Hugo ne s'appuie plus tellement sur la foi, et le voici qui déclare, sur un ton d'extrême pessimisme, à propos de « Février 1871 », dans *L'Année terrible* (la fin) :

> L'évangile est toujours la grande clarté morte,
> Le jour fuit, la paix saigne, et l'amour est proscrit,
> Et l'on n'a pas encore décloué Jésus-Christ.

Mais il relance la marche en avant : « N'importe. Allons au but, continuons, » déclare-t-il, nonobstant l'œuvre de la guillotine[23], et encore une fois, le mouvement indiqué, cette marche en avant dans l'horizontalité d'un fleuve est préférée à l'arrêt devant les abîmes : Marchons ! ajoute-t-il, en route... songeant comme d'habitude au progrès, à la marche en avant. Mais, dans *Le Verso de la page*, c'est pour, aussitôt, se retourner et regarder une des horreurs du passé, le cercueil de Charles Ier : « Soit ; nous ne voulons plus de ce spectacle là. C'est grand dans le passé ; c'est mauvais dans notre âge » – voilà tout un programme... qu'il développe encore une fois dans le fragment suivant (devenu, dans *Toute la lyre*, « L'Humanité », une autre partie du poème XXVI) : « Non ! Jamais d'échafauds ! [...] Non ! Jamais de vengeance. »

Ainsi, lentement, dans un système de va-et-vient, Hugo se serait non seulement rapproché, d'abord de la pensée d'un avenir qui « ébauche l'Europe » (*Les Quatre vents de l'esprit*, la fin) – chose étonnante et qui renoue avec la Conclusion du *Rhin*[24] ; mais encore, il en serait venu à une formulation de la Pitié, qui figurera dans le titre de *La Pitié suprême*. Voici : dans le fragment devenu l'épilogue aux *Quatre vents de l'esprit*, Hugo en appelle, quand même ! à Dieu et évoque la paix que celui-ci pourra instaurer. La même chose, dans « Persévérance » (*L'Art d'être grand-père*) : « O tous ! vivez, marchez, *croyez* ! [...] », et dans l'épilogue (v. 62) : « c'est demain Clémence. »

C'est donc *la pitié* correspondant à la *miséricorde* chrétienne qui aurait réparé la coupure faite par 93 et discutée dans *Le Verso de la page*. On peut dire que le thème dominant de tous ces fragments est celui du *passage*. Le passage heureux du passé vers l'avenir n'est pas donné une fois pour toutes, il n'est même pas *donné* du tout, puisqu'il appelle toutes sortes de questions (*L'Année terrible*, v. 239 ss.) : « Vient-on de reculer, ou vient-on d'avancer ? » (v. 307). Question posée et reposée comme par exemple dans cette image hésitante : « l'on se tromperait / Si l'on croyait que tout finit au couperet » (« L'Echafaud », dans *Les Quatre vents de l'esprit*). Il reste que 93 est pleine de « contradictions terribles » (fragment repris dans *L'Année terrible*, février V). Les contradictions, on le sait, trouvent beaucoup d'expressions chez Hugo : « lumière et nuit ! chaos des âmes », dit-il dans le fragment qui sert de Prologue à *L'Année terrible*. Or, ces même contradictions sont vraisemblablement au cœur de l'abandon, par Hugo, du grand projet d'un triptyque avec, au centre, *Le verso de la page*. C'est que, dans le fragment repris sous le titre de « L'Humanité » (*Toute la lyre*, XXVI), on peut prendre Hugo en flagrant délit de contradiction, quand il admet le bien-fondé de l'année 93 tout en voulant la dépasser :

> Ce grand Quatrevingt-treize a fait ce qu'il dut faire ;
> Mais nous qui respirons l'idéale atmosphère,
> Nous sommes d'autres cœurs ; les temps fatals sont clos ;
> [...]. (vv. 323-325)

Il est hors de doute que *Le Verso de la page* est sorti de la même vision de l'Histoire que *La Légende des siècles*, du « Chaos d'êtres », des « monstres », de « Brume et réalité » (cf. le premier poème, « La vision d'où est sorti ce livre », de la *Légende...*, Nouv. série. 1877, v. 49 ss.). Comme elle, le *Verso* est une « épopée humaine, âpre, immense, – écroulée » (la fin du même poème). Mais l'œuvre décomposée de l'émigré des îles de la Manche est l'œuvre de l'histoire discontinue et *fragmentaire*.

La Pitié suprême, épopée philosophique formant la troisième partie du triptyque projeté, reprend, mais sur un autre ton, le thème de la malédiction portée à la France par la royauté et ses crimes ; on retrouve l'image du peuple, et sa place dans l'histoire des « princes », des « héros », des « chefs » (cf. vv. 374-378), enfin de la « Tyrannie ! escalier qui dans le mal descend » (v. 299). Mais le poète est saisi d'un sentiment de miséricorde : après tout, même les tyrans sont à plaindre (v. 1104), déclare-t-il. Plein de pitié, il leur accorde le pardon (vv. 412, 529) et la compassion (v. 977) et finalement la pitié, quoique « La pitié tremble, ayant contre elle tout le cri / Et toute la douleur du genre humain meurtri « (v. 999-1000). Mais, *Le Verso de la page* l'avait annoncé, il faut briser l'anankè (v. 1192), et opter pour l'abolition de l'ignorance et de la vengeance.

Voilà sa conclusion après avoir « tout pesé [...] vu le fond [...] fait la somme », et ne pas avoir « distrait un chiffre du total » (vv. 1298-1299). Si la totalité n'est pas rétablie, du moins la continuité peut être assurée, dans une vision de l'avenir. Mais *Le Verso de la page* n'est pas dépassé et reste dans son état de fragment.

Perspectives

La fragmentation concerne aussi d'autres œuvres. A la même époque, vers la fin des années cinquante, Hugo fait la même expérience en préparant *La Légende des siècles*, écrite « fresque à fresque, fragment à fragment » (à Hetzel, 3 avril 1859). Dans la Préface à la Deuxième Série, il s'excuse de ce caractère fragmentaire du recueil. Tout ceci se passe au cours des premières années passées à Guernesey (1856-1858). « Religions et religion », poème philosophique commencé en 1870 et publié en 1880, est composé de fragments pris au dossier de l'épopée de *Dieu* qui date de la même époque. Quant à l'épopée de *Satan*, on sait qu'il en reste de véritables fragments au sens de morceaux détachés en cours de compositon et laissés au rebut (cf. vol. *Chantiers*, pp. 309 ss). Enfin, dès les premières années de l'exil sur les îles de la Manche, Hugo compose ou esquisse les soi-disant « petites épopées ». Son activité est colossale. Mais tout ne lui réussit pas comme texte ou œuvre totale, c'est-à-dire comme *ensemble*. L'écrivain, plus ou moins coupé de la France, vit dans la diaspora, et, au niveau des textes, dans la dispersion.

Nous proposons l'explication suivante de ce phénomène : la situation historique ne se prête pas aux grandes totalités. « Les exilés sont épars, » dit-il dans *Napoléon le Petit* ; et il continue : « la destinée a des souffles qui dispersent les hommes comme une poignée de cendres. » A l'île de Jersey, en 1855, il écrit un poème adressé « Au marquis de... » (*Les Contemplations*, Livre V) dans lequel il constate ceci :

> [...] J'habite l'ombre ;
> Je suis sur un rocher qu'environne l'eau sombre,
> Ecueil rongé de flots, de ténèbres chargé,
> Où s'assied, ruisselant, le blême naufragé.

Souvent, il invoque sa propre ignorance, son doute, son incertitude – bref, tout ce qui fait obstacle à une la vision totale et claire (dans *L'Ane* Hugo parlera de lui-même en s'appelant « l'ignorant pensif », v. 47 ss.). « Pensées de nuit », dans *Les Quatre vents de l'esprit*, est typique à cet égard :

« L'ombre ici-bas la moins transparente, c'est l'âme [...] Mon *abîme* est sinistre [...] » (encore une fois, donc, cette image venant de l'imaginaire océanique). Dans le fragment inclu dans *L'Année terrible*[25], il élabore ce point de vue :

> Et qui donc [...]
> Peut de quoi que ce soit, force, âme, esprit, matière,
> Dire : – Ce que j'ai là, c'est la loi tout entière,
> Ceci, c'est Dieu, complet [...].

Les Quatre vents de l'esprit est un recueil essentiellement fragmentaire. Composé, au dire de l'auteur lui-même (à Paul Meurice, 26 mai 1870) des « quatre aspects » de sa propre personnalité (à savoir les aspects satirique, dramatique, lyrique et épique), le livre n'accorde pas de place au côté le plus important peut-être de Hugo : le côté philosophique qui, normalement, assure une certaine totalité dans sa pensée. *L'Ane*, qui date aussi des années cinquante (il est achevé en 1858) est particulièrement éloquent en ce qui concerne l'incertitude de Hugo à cette époque :

> L'homme, orgueil titanique et raison puérile !
> Montre-moi ce que fait ce travailleur stérile,
> Et montre-moi surtout ce qui reste de lui.
> (v. 1433 ss)
> Le fait vous déconcerte et le réel vous blesse.
> (v. 1494)
> Dieu, nature, cité ; la loi, l'esprit, la lettre ;
> Mais à quel point de vue enfin faut-il se mettre
> Pour trouver le bon sens de votre enseignement ?
> Je feuillette et relis tout l'homme vainement,
> Je ne vois point où son cœur s'améliore.
> (v. 1845 ss)

Citons, pour finir, « Le Pont » (1854), un des derniers poèmes des *Contemplations*, qui illustre on ne peut mieux le désarroi de Hugo devant l'absence d'une totalité sensée ; on notera que c'est encore l'imaginaire océanique, celui de l'exil dans la Manche, qui fait ravage :

> J'avais devant les yeux les ténèbres. L'abîme
> Qui n'a pas de rivage et qui n'a pas de cime,
> Etait là, morne, immense ; et rien n'y remuait.
> Je me sentais perdu dans l'infini muet.

Conclusion

Le passage de Hugo allant d'une belle composition totale dans *Le Rhin*, composition idéalisante et esthétiquement aussi bien que politiquement, satisfaisante, à la fragmentation des textes et de la vision de l'histoire au cours des années cinquante, semble ainsi assez clair. L'explication, croyons-nous, est surtout d'ordre politique et existentiel au sens large (elle ne se confine donc pas au drame de Villequier). 93 est, semble-t-il, au centre de la défaite du visionnaire : la guillotine, la peine capitale, l'exécution du roi – tout provoque l'image de l'abîme devant lequel il se trouve, le « puits » sans fond qui, subitement, détruit la continuité et fait éclater la totalité.

Hans Peter Lund
Université de Copenhague

Notes

1. Ed. Garnier-Flammarion, 1980, p. 99.
2. *William Shakespeare*, éd. Flammarion, 1973, p. 519.
3. « Penseurs, réformateurs, porte-flambeaux, esprits,
   Lutteurs, vous atteindrez l'idéal ! à quel prix ?
   Au prix du sang [...].
   La route du progrès c'est le chemin des tombes. »
   L'Année terrible, V, « Loi de formation du progrès », vv. 37-40.
4. Cf. *La Pitié suprême*, v. 1192 ; cf. « l'aveugle anankè », « L'Echafaud », *Les Quatre vents de l'esprit*, v. 141.
5. « Une œuvre de Victor Hugo reconstituée », *Revue d'histoire littéraire de la France*, 1960 ; l'interprétation citée figure à la page 404.
6. C'est d'ailleurs ce qu'on voit bien si l'on se rappelle qu'une seconde partie du recueil poétique était originellement conçue comme une invective contre Napoléon le Petit pour être aussitôt séparée de l'ensemble et placée dans *Les Châtiments*.
7. Ed. citée, p. 97.
8. Le nombre d'histoires racontées au cours du récit de voyage est remarquable. Cela fonctionne souvent sur le modèle suivant : « Un jour je demandais à la servante comment s'appelait cette tour. Elle me répondit, en faisant un signe de croix : la Maüseturm [*sic*]. Et puis elle me raconta une histoire » (Voyages, Œuvres complètes, Laffont, 1987 p. 155).
9. Même espoir dans son testament signé 31 août 1881 (cit. *Chantiers*, Œuvres complètes, Laffont, 1990, p. IX) : il lègue ses manuscrits « à la Bibliothèque nationale de Paris, qui sera un jour la Bibliothèque des Etats-Unis d'*Europe* ».
10. La Loire, la Meuse, la Seine, la Somme, le Tibre, le Danube, et même ceux des autres mondes (le Nil, et tel fleuve d'Amérique ou d'Asie...

11. Cf. le paysage vu d'en haut de la tour de la cathédrale à Strasbourg : c'est « une carte de géographie vivante » (p. 318).
12. Cf. la Préface de *Cromwell*.
13. « Tous ces princes, les bons, les médiocres et les mauvais, enterrés côte à côte, confondaient, pour ainsi dire, la diversité de leurs destinées dans la gloire des armes [...] », p. 271 ; « l'unité dans la variété, c'est le principe de tout art complet » (p. 234).
14. Datée du mois de janvier 1842, dans les dernières lignes.
15. Nous pensons tout particulièrement aux réflexions de celui-ci sur Napoléon et le duc d'Enghien dans la deuxième partie des *Mémoires d'outre-tombe*. On lira avec profit, à ce sujet, les pages qu'y consacre Agnès Verlet dans son ouvrage *Les Vanités de Chateaubriand*, Droz, 2001.
16. Hugo, *Poésie*, 2, L'Intégrale, 1972, p. 787.
17. Par exemple dans le Prologue à ce poème, avec ces détails : « Quant à flatter la foule, ô mon esprit, non pas ! / Ah ! le peuple est en haut, mais la foule est en bas », vv. 1.2 ; ou encore : « C'est la foule ; et ceci me heurte et me déplaît ; / C'est l'élément aveugle et confus ; c'est le nombre », vv. 74-75.
18. Cf. fragment inséré dans *L'Année terrible*, V, v. 262, et *Toute la lyre*, « L'Humanité », XXVI, v. 198.
19. Cf. *ibid.* vv. 285, 288.
20. « L'éternel sablier des siècles *s'arrêta*, / Laissant l'heure incomplète et *discontinuée* ».
21. *Toute la lyre*, XXVI, vv. 11-12.
22. Cf. *Les Quatre vents de l'esprit*, XX, v. 16. – Dans un fragment repris dans *Toute la lyre*, Hugo continue : la Révolution est la suite logique de la monarchie, et il en répète les atrocités : « l'homme en écrasant le monstre est monstrueux. »
23. Fragment inséré dans *L'Art d'être grand-père*, XVIII, II.
24. Malgré ces mots rapportés par Edmond de Goncourt dans son Journal, le 7 novembre 1870, après une visite chez Hugo, à Paris : « le monde ne peut subir l'abominable germanisme ; il y aura une revanche dans quatre ou cinq ans. »
25. Février V, vv. 274-277.

Conter à « coups de poing » ou l'art de l'excessif – Flaubert lisant Victor Hugo romancier

par

Juliette Frølich

« On peut juger de la bonté d'un livre à la vigueur des coups de poing qu'il vous a donnés et à la longueur de temps qu'on est ensuite à en revenir », écrit Flaubert à Louise Colet le 15 juillet 1853[1]. « Aussi, comme les grands maîtres sont excessifs ! » Selon Flaubert, les « grands maîtres » dans l'art de « l'excessif » sont Michel-Ange, Rabelais, Shakespeare, le Molière de *Monsieur de Pourceaugnac*[2], Rubens – « et le dernier des gens de la famille, ce vieux père Hugo » :

> Aussi, comme les grands maîtres sont excessifs ! Ils vont à la dernière limite de l'idée. Il s'agit, dans *Pourceaugnac*, de faire prendre un lavement à un homme. Ce n'est pas un lavement qu'on apporte, non ! mais toute la salle sera envahie de seringues ! Les bonshommes de Michel-Ange ont des câbles plutôt que des muscles. Dans les bacchanales de Rubens, on pisse par terre. Voir tout Shakespeare, etc., etc., et le dernier des gens de la famille, ce vieux père Hugo. Quelle belle chose que *Notre-Dame* ! J'en ai relu dernièrement trois chapitres, le sac des Truands entre autres. C'est cela qui *est fort* ! Je crois que le plus grand caractère du génie est, avant tout, *la force*.

Conter à coups de poing, compter les vigoureux coups de poing que le conteur du « sac des Truands » donne à son lecteur Gustave Flaubert, lorsque celui-ci est en train de travailler avec acharnement sa « grande scène des Comices », tel est le propos premier de notre enquête. Il s'agira ainsi d'interroger, avec Flaubert, Victor Hugo prosateur au sujet de *l'énorme*, de *l'excessif*, du *monstrueux*. Dans un deuxième temps, nous interrogerons Flaubert au sujet du travail qu'il entreprend pour forger, en partant des grands maîtres, et notamment du Hugo de *Notre-Dame*, son *mode de l'excessif* à lui. En effet, tout se passe comme si, fasciné par l'impact des « coups de poing » que véhicule à satiété l'écriture hugolienne, Flaubert, *par voie de déduction*, commençait par modeler son propre style évocatoire dans le moule fabuleux de l'excessif forgé par son grand maître ; tout se passe, ensuite, comme s'il lui fallait remanier cet excessif par *voie de réduction*, de façon à l'adapter aux mesures d'un sujet non plus fabuleux, mais banal, d'un romanesque non plus « héroïque », mais médiocre et platement réaliste. Autrement dit, il s'agit pour Flaubert de « dégrossir » l'excessif hugolien afin de le rendre conforme aux mesures plus modestes que lui prescrit sa propre poétique narrative qui se veut sobre, neutre, impersonnelle et « mesurée ». C'est ainsi que Flaubert s'inspire, non de la totalité du texte et du style hugoliens, mais d'un fragment important de ceux-ci.

Enfin, nous serons amenés à revenir sur un passage particulier, dans l'épisode du sac des truands, à savoir le récit de la mise à mort, nette et méticuleuse, de Jean, l'écolier. Dans ce passage se fait entendre, me semble-t-il, une voix qui conte, elle aussi, de manière toute particulière. Il s'agit d'une *voix blanche*. Cette voix blanche rappelle, jusqu'à se confondre avec elle, la voix qui, dans *L'Education sentimentale*, conte la mise à mort tout aussi nette et méticuleuse d'un des prisonniers de la terrasse au bord de l'eau. Ici et là, même sujet, même *tempo* de lenteur dramatique, même effacement du monstrueux, et le ton de cette voix blanche qui, impassible, conte le grotesque, le pathétique au point de nous confondre dans combien d'émotions retenues. Coups de poing comme en sourdine – coups de poing qui visent *le cœur*, de Victor Hugo à Gustave Flaubert.

« Je lui ai écrit une lettre monumentale, au Grand Crocodile » [3]
Le 14 juin 1853, Flaubert écrit à Louise Colet :

> Me sentant ce matin en grande humeur de style, j'ai [...] empoigné ma *Bovary* et j'ai esquissé trois pages dans mon après-midi, que je viens de récrire ce soir. Le mouvement en est furieux et plein.

Juin 1853. Depuis l'automne 1851, Flaubert travaille sa *Bovary*. La rédaction du roman sera achevée le 30 avril 1856. Dans la même lettre, Flaubert explique une première fois à Louise Colet la fascination qu'il porte aux œuvres des « grands » qui, pour cultiver l'art du « grossissement », puisent sans gêne dans le réservoir de l'excessif :

> *Il ne faut jamais craindre d'être exagéré*. Tous les grands l'ont été, Michel-Ange, Rabelais, Shakespeare, Molière. Il s'agit de faire prendre un lavement à un homme (dans *Pourceaugnac*) ; on n'apporte pas une seringue ; non, on remplit le théâtre de seringues et d'apothicaires. Cela est tout bonnement le génie dans son vrai centre, qui est l'énorme. (*ibid.*)

Or, il faut soigneusement lire la suite de ce passage. Car voici précisé que l'effet « juste » de tout « grossissement » d'images dépend de sa « juste » mesure. Et cette « juste mesure » réside dans la discrétion avec laquelle se pratique le grossissement : dans tous les cas, celui-ci doit être harmonieusement mis à la mesure de ses alentours, partout l'exagération doit être « continue, proportionnée, harmonique à elle-même ». Autrement dit, aux géants seuls, le romancier donnera des montagnes qui seront gigantesques, parce qu'il aura soin de les proportionner à l'échelle, précisément, de leur propre démesure :

> Mais pour que l'exagération ne paraisse pas, il faut qu'elle soit partout continue, proportionnée, harmonique à elle-même. Si vos bonshommes ont cent pieds, il faut que les montagnes en aient vingt mille. Et qu'est-ce donc que l'idéal, si ce n'est ce grossissement-là ? (*ibid.*)

Un mois plus tard, le 15 juillet 1853, Flaubert reprendra sa louange de *l'énorme*, voire de l'excessif, avec le même exemple, mais cette fois-ci, nous l'avons dit, il inclut avec enthousiasme Victor Hugo et *Notre-Dame de Paris* dans la série de ses « grands maîtres ».

Flaubert avait rencontré Hugo en 1843, dans l'atelier du sculpteur Pradier. Dès cette première rencontre, Hugo, homme de salon, se confond dans l'imaginaire de Flaubert avec « Hugo », l'homme d'une œuvre déjà colossale et admirée avec combien d'émotions par le jeune homme nourri par elle, dit-il, « depuis que je suis né ». Voici comment il résume à sa sœur Caroline ses premières impressions :

> Tu t'attends à des détails sur V. Hugo. Que veux-tu que je t'en dise ? C'est un homme qui a l'air comme un autre, d'une figure assez laide et d'un extérieur assez commun. Il a de magnifiques dents, un front superbe, pas de cils ni de sourcils. Il parle peu, a l'air de s'observer et de ne rien vouloir lâcher. Il est très poli et un peu guindé. J'aime beaucoup le son de sa voix. J'ai pris plaisir à le contempler de près ; je l'ai regardé avec étonnement, comme une cassette dans laquelle il y aurait des millions et des diamants royaux, réfléchissant à tout ce qui était parti de cet homme-là assis alors à côté de moi sur une petite chaise, et fixant mes yeux sur sa main droite qui a écrit tant de belles choses. C'était là pourtant l'homme qui m'a le plus fait battre le cœur depuis que je suis né […].[4]

Pendant toute sa vie d'écrivain, Flaubert rendra hommage à Hugo en tant que l'incarnation même du « grand maître », en prose aussi bien qu'en poésie[5]. Encore en décembre 1875, il répète à George Sand son admiration pour le poète aux « coupes des maîtres » lorsque, de nouveau, il cite un vers de Hugo, toujours le même, et une phrase, toujours la même, de son autre « grand maître » en matière de style, Montesquieu :

> [...] Je donnerais toutes les légendes de Gavarni pour certaines expressions et coupes des maîtres comme « l'ombre était *nuptiale*, auguste et solennelle » du père Hugo, ou ceci du Président de Montesquieu : « Les vices d'Alexandre étaient extrêmes comme ses vertus. Il était terrible dans sa colère. Elle le rendait cruel. »[6]

Ainsi, si, en 1853, en plein travail sur le « chantier » *Bovary*, Flaubert relit avec fascination et enthousiasme des chapitres de *Notre-Dame*, c'est en 1859, en pleine rédaction de *Salammbô*, qu'il se délectera à la lecture de *La Légende des siècles*, « cette magnifique chose » qui vient de paraître et dont il recommande vivement la lecture à Mademoiselle Leroyer de Chantepie :

> Une chose magnifique vient de paraître : *La Légende des siècles*, de Hugo. Jamais ce colossal poète n'avait été si haut. Vous qui aimez l'idéal et qui le sentez, je vous recommande les histoires de chevaleries qui sont dans le premier volume. Quel enthousiasme, quelle force et quel langage ! Il est désespérant d'écrire après un pareil homme.[7]

« Jamais ce colossal poète n'avait été si haut. [...] Quel enthousiasme, quelle force et quel langage ! » Le discours de Flaubert lisant Victor Hugo est empreint, par moments, d'un enthousiasme littéralement mimétique ! Mimétique à un tel point que Flaubert, dans sa lettre du 15 juillet 1853 à Hugo, alors en exil à Jersey, avec une rhétorique d'emphase, un vocabulaire de l'excessif, semble vouloir, à même sa propre plume, endosser le style grandiloquent de Victor Hugo, y compris l'emploi exagéré des points d'exclamation[8]. Citons comme exemple, sans le commenter davantage, l'extrait suivant :

> [...] Ah ! si vous saviez dans quelles immondices nous nous enfonçons ! Les infamies particulières découlent de la turpitude politique et l'on ne peut faire un pas sans marcher sur quelque chose de sale. L'atmosphère est lourde de vapeurs nauséabondes. De l'air ! de l'air ! Aussi j'ouvre la fenêtre et me tourne vers vous. J'écoute passer les grands coups d'ailes de votre Muse et j'aspire, comme le parfum des bois, ce qui s'exhale des profondeurs de votre style.[9]

Or, au soir de ce même 15 juillet 1853, lorsqu'il adresse à Louise Colet une de ses épîtres traitant moins d'amour que de poétique, Flaubert relate son exploit épistolaire de la journée, en lui disant ceci : « Je lui ai écrit une lettre monumentale, au grand Crocodile. Je ne cache pas qu'elle m'a donné du mal (mais je la crois montée, trop, peut-être). »

« Une lettre monumentale » pour parler d'un grand homme et de son œuvre « monumentale ». Une lettre « montée » seulement ? Peut-être. Et cependant, dans le contexte 'Flaubert lisant Hugo', il faut aussi prendre en compte que « monumental », au sens figuré, renvoie au champ sémantique du *colossal*, du *démesuré*, voire de *l'énorme*, du *gigantesque*, du *monstrueux*. Et nous voilà dans le règne du « Grand Crocodile », surnom donné au grand homme. « Crocodile : grand reptile à fortes mâchoires, à revêtement cuirassé », dit le Dictionnaire[10].

Deux phrases, dans cette lettre « monumentale », sont cependant à retenir. Elles précisent, en effet, la forte et durable fascination que Hugo exerce sur Flaubert. Hugo au présent, c'est « cette main qui a écrit *Notre Dame* et *Napoléon le petit*, cette main qui a taillé des colosses et ciselé pour les traîtres des coupes amères » ; Hugo depuis toujours, c'est une poésie qui « est entrée dans ma constitution comme le lait de ma nourrice ». Et Flaubert de conclure, alors, avec cette phrase lourde de sens : « Tel de vos vers reste à jamais dans mon souvenir, *avec toute l'importance d'une aventure*. »

Quand on relit avec Flaubert l'épisode du sac des truands, dans *Notre-Dame de Paris*, il ne fait pas de doute que la phrase « [t]el de vos vers reste à jamais dans mon souvenir, *avec toute l'importance d'une aventure* » possède dans l'esprit de Flaubert sa version « prosodique ». Il suffit de comprendre le mot « aventure » dans son sens ancien, médiéval ; il suffit de comprendre Hugo dans la lignée des grands maîtres de la prose dramatique.

On le sait, le concept « aventure » a ses racines dans le mot « advenir », « ce qui doit arriver à quelqu'un ». Aventure signifie ainsi « événement auquel on accorde une valeur humaine ». On sait aussi qu'au moyen-âge, au temps des récits de chevalerie, l'aventure n'est pas en premier lieu ce qui arrive de surprenant, d'imprévu ; au contraire, l'aventure est, essentiellement, « quête », « épreuve », « exploit ». Elle est la rencontre d'un maître à penser, à agir ; elle comporte une série de confrontations, d'exploits durant lesquels, se mesurant, l'aspirant chevalier est *mesuré* jusqu'à ce qu'il trouve sa mesure propre.

« L'aventure » de Flaubert, on le sait aussi, c'est son métier d'écrivain : il s'agit, pour lui, de trouver sa voix de conteur, son style de romancier ; il s'agit d'inventer sa propre poétique de la prose. Et puisqu'il en est ainsi, inventer, créer cette poétique de la prose, c'est pour Flaubert une action à proprement parler *vitale*. Il s'agit là d'une *aventure* dans le sens de découverte, de même que d'exploits à valeur, littéralement, existentielle. Car, dans le cas de Flaubert, l'aventure de l'écriture n'est rien de moins que l'aventure d'une vie, avec tous ses risques, tous ses périls.

Et, sans aucun doute, Hugo est pour Flaubert un de ces « grands maîtres » avec lequel il doit se mesurer, contre lequel il doit mesurer ses moyens et sa force d'écrivain. Ainsi l'exploit « Hugo » deviendra une des étapes à parcourir sur l'itinéraire de son apprentissage de romancier. Cet exploit aura lieu sur un champ de lecture, en l'occurrence, *Notre-Dame de Paris* et le « sac des truands ». Et ce sera un exploit sous le signe de *l'excessif* : Il s'agira de prendre les mesures de l'excessif hugolien, romantique. Et il s'agira, partant de là, d'inventer le coloris d'un « excessif » moderne, proportionné à la peinture d'un monde moderne, voire médiocre. Cet exploit aura lieu tout le long du chantier *Bovary*, en l'occurrence dans l'arène des « Comices agricoles ».

Mesures d'un *excessif* romantique : « Le sac des truands »

> EXCESSIF, IVE, adj.- 1265 ; de *excès* 1. Qui dépasse la mesure souhaitable ou permise ; qui est trop grand, trop important. **V. démesuré, énorme, extrême, monstrueux, prodigieux, surabondant, effrayant, effroyable, incroyable, terrible, ahurissant, démentiel, exorbitant, fou. Effréné, immodéré, exagéré, outrancier, outré.** – SUBST. LITTER. « L'excessif, l'immense, sont le domaine naturel de Victor Hugo » (Baudelaire).[11]

Relisons la lettre à Louise Colet du 15 juillet 1853 : « Quelle belle chose que *Notre-Dame* ! J'en ai relu dernièrement trois chapitres, le sac des Truands entre autres. C'est cela qui *est fort* ! Je crois que le plus grand caractère du génie est, avant tout, *la force*. » Or, la lettre le précisera, cette « force » particulière à l'écriture hugolienne se condense pour Flaubert dans la notion de « cœur, au sens presque médical du mot ». C'est le cœur en tant que pompe de sang qui, littéralement, donnera vie à une belle métaphore dans laquelle fusionnent chevaux et styles de race : « Les chevaux et les styles de race ont du sang plein les veines, et on le voit battre sous la peau et les mots, depuis l'oreille jusqu'aux sabots. »[12]

Ainsi, l'effet « coups de poing » que produit sur le lecteur la prose hugolienne serait l'œuvre d'un style de race vivant, style vibrant, mouvant, rythmé, animé en entier et nourri par le « *motus animi continuus* », moteur et « cœur » de l'ancienne éloquence :

> Toute la force d'une œuvre gît dans ce mystère, et c'est cette qualité primordiale, ce motus animi continuus (vibration, mouvement continuel de l'esprit, définition de l'éloquence par Cicéron) qui donne la concision, le relief, les tournures, les élans, le rythme, la diversité.[13]

On se rappelle qu'il s'agit, pour les truands, de forcer l'entrée de la cathédrale pour libérer la belle « égyptienne » ; il s'agit, pour Quasimodo Le

Bossu, de défendre la cathédrale ainsi que sa captive par tous les moyens. Toute cette grande scène se construira donc par diverses évocations de monstrueuses confrontations entre une foule humaine infiniment grouillante et guerrière et une bâtisse sacrée avec son « monstre » de gardien, tous les deux s'agrandissant à l'infini pour prendre des dimensions quasiment mythiques.

Hugo, pour faire vivre l'imaginaire archaïque qui nourrit cette scène, construira une série d'images de plus en plus convulsives, représentant une bataille de plus en plus atroce, inhumaine, voire surhumaine et, pour les grossir outre mesure et leur donner leur coloris, pathétique et grotesque, excessif, il puisera à pleines mains dans le réservoir rhétorique et métaphorique de l'énorme, du monstrueux, le tout *outre mesure*.

A examiner quelques caractéristiques de cette écriture de l'excessif, on reconnaît, dès l'abord, à quel point Hugo, pour créer une atmosphère d'effroi, exagère, pour ne pas dire abuse du recours réitéré au champ sémantique de l'épouvante et de l'horreur. En plus, il alimente sa narration de toute la charge des épithètes que le dictionnaire nous présentait comme synonymes, précisément, de « l'excessif ». Il en résulte un immense spectacle fantasmagorique avec « son et lumière » : « fracas effroyable », « cris d'épouvante », une « énorme poutre » tombant du ciel et « rebondissant sur le pavé avec le bruit d'une pièce de canon », voici la bataille de Notre-Dame à ses débuts :

> Clopin fut interrompu par un fracas effroyable, qui retentit en ce moment derrière lui. Il se retourna. Une énorme poutre venait de tomber du ciel, elle avait écrasé une douzaine de truands sur le degré de l'église, et rebondissait sur le pavé avec le bruit d'une pièce de canon, en cassant encore çà et là des jambes dans la foule des gueux qui s'écartaient avec des cris d'épouvante.[14]

Mais la bataille reprend, et c'est au tour des truands de s'emparer de cette poutre et de la métamorphoser en un colossal madrier, « monstrueuse bête aux mille pattes », lancé contre la porte de Notre-Dame, qui, elle, afin de se mettre à la mesure des forces géantes qui l'attaquent, s'agrandit en « géante de pierre » :

> [...] bientôt la lourde poutre, enlevée comme une plume par deux cents bras vigoureux, vint se jeter avec furie sur la grande porte [...]. A voir ainsi dans le demi-jour [...] ce long madrier porté par cette foule d'hommes qui le précipitaient en courant sur l'église, on eût cru voir une monstrueuse bête à mille pieds attaquant tête baissée la géante de pierre. (Ed. cit., p. 795)

Mais voici la contre-attaque, imprévisible, incompréhensible, horrible, convulsive et démesurée :

> Deux jets de plomb fondu tombaient du haut de l'édifice au plus épais de la cohue. Cette mer d'hommes venait de s'affaisser sous le métal bouillant qui avait fait, aux deux points où il tombait, deux trous noirs et fumants dans la foule, comme ferait de l'eau chaude dans la neige. On y voyait remuer des mourants à demi calcinés et mugissant de douleur. Autour de ces deux jets principaux, il y avait des gouttes de cette pluie horrible qui s'éparpillaient sur les assaillants, et entraient dans les crânes comme des vrilles de flamme. C'était un feu pesant qui criblait ces misérables de mille grêlons.
> La clameur fut déchirante. (Ed. cit., pp. 797-798)

En lisant ces phrases, en suivant leur mouvement de plus en plus convulsif, on s'aperçoit que la poétique de l'excès, pour Hugo, ne relève pas seulement d'un choix sémantique, voire morphologique. En plus du vocabulaire outré, Hugo met à l'œuvre une véritable *grammaire de l'excès*. Prenons, par exemple, dans une autre de ces images-éclair animées, cette longue phrase entortillée, labyrinthique, comme convulsive et hors d'haleine qui sert à introduire une autre fantasmagorie de l'horreur :

> Avant qu'un second assiégeant eût pu prendre pied sur la galerie, le formidable bossu sauta à la tête de l'échelle, saisit, sans dire une parole, le bout des deux montants de ses mains puissantes, les souleva, les éloigna du mur, balança un moment, au milieu des clameurs d'angoisse, la longue et pliante échelle encombrée de truands du haut en bas, et subitement, avec une force surhumaine, rejeta cette grappe d'hommes dans la place.

« Il ne faut pas craindre d'être exagéré » : cette règle de conduite, on la voit ainsi à l'œuvre dans les images fantasmagoriques du « sac des truands ». Dans l'une d'entre elles, Hugo fait culminer l'effet de l'excessif. En effet, l'exagération atteint son apogée dans la fantasmagorie d'une cathédrale s'agrandissant infiniment et s'animant dans un monstrueux jeu d'ombres et de flammes. Avec cette évocation proprement surréaliste, Hugo rejoint la lignée des « très grands ». S'applique alors à lui, comme à Michel-Ange, Rabelais, Shakespeare et Molière, le jugement de valeur de Flaubert : « Cela est tout bonnement le génie dans son vrai centre, qui est l'énorme. »

> [...] Au-dessus de la flamme, les énormes tours, de chacune desquelles on voyait deux faces crues et tranchées, l'une toute noire, l'autre toute rouge, semblaient plus grandes encore de toute l'immensité de l'ombre qu'elles projetaient jusque dans le ciel. Leurs innombrables sculptures de diables et de dragons prenaient un aspect lugubre. La clarté inquiète de la flamme les faisait remuer à l'œil. Il y avait des guivres qui avaient l'air de rire, des gargouilles qu'on croyait entendre japper ; des salamandres qui soufflaient dans le feu, des tarasques qui éternuaient dans la fumée. Et parmi ces monstres ainsi réveillés de leur sommeil de pierre par cette flamme, par ce bruit, il y

avait un qui marchait et qu'on voyait de temps en temps passer sur le front ardent du bûcher comme une chauve-souris devant une chandelle. (Ed. cit., p. 798)

De Hugo à Flaubert : Pour un grossissement continu, proportionné…
Récapitulons les exploits littéraires de Gustave Flaubert à la date du 15 juillet 1853 : ce même jour, il écrit sa lettre « monumentale » à Victor Hugo. Dans la soirée de cette même journée, voici qu'il esquisse, d'un seul trait, sa « grande scène des Comices agricoles », scène censée être « énorme ». Dans la nuit de cette même journée, Flaubert raconte à Louise Colet les événements de la journée dans une de ses longues lettres qu'il affectionne à cette époque. Il commente sa lettre à Hugo ; il décrit en détail le scénario « symphonique » de ses « Comices ». Et il accompagne tout cela d'une longue réflexion sur les mesures de l'excessif inventées par ses grands maîtres : l'exagération, le grossissement. Leitmotiv : « Le ventre de Sancho Pança fait craquer la ceinture de Vénus »… Avec une telle devise, Flaubert fait vœu d'une poétique cultivant les formes esthétiques que représente le réel :

> […] Ce soir, je viens d'esquisser toute ma grande scène des Comices agricoles. Elle sera énorme ; ça aura bien trente pages. Il faut que, dans le récit de cette fête rustique-municipale et parmi ses détails (où *tous* les personnages secondaires du livre paraissent, parlent et agissent), je poursuive, et au premier plan, le dialogue continu d'un monsieur *chauffant* une dame. J'ai de plus, au milieu, le discours solennel d'un conseiller de préfecture, et à la fin (tout terminé) un article de journal fait par mon pharmacien, qui rend compte de la fête en bon style philosophique, poétique et progressif. Tu vois que ce n'est pas une petite besogne. Je suis sûr de ma couleur et de bien des effets ; mais, pour que tout cela ne soit pas trop long, c'est le diable ! Et cependant ce sont de ces choses qui doivent être abondantes et pleines.

« Ce sont de ces choses qui doivent être abondantes et pleines » : on s'en aperçoit ! Si Flaubert programme sa grande scène des Comices agricoles, dans *Madame Bovary*, selon le mode de l'excessif, de l'énorme, il s'agira moins de les grossir sur la verticale, de gonfler les choses afin de leur conférer des dimensions monstrueuses, fantasmagoriques, et de leur conférer les mesures du mythe ; au contraire, il s'agira, tout simplement, de les gonfler en nombre, en ampleur, en abondance, et ainsi de les « grossir » sur l'horizontale, et toujours dans les mesures du réel.

Voici sur la prairie de Yonville, un premier beau spectacle, « abondant et plein », signé Gustave Flaubert :

> Le pré commençait à se remplir, et les ménagères vous heurtaient avec leurs grands parapluies, leurs paniers et leurs bambins. Souvent il fallait se déranger devant une longue file de campagnardes, servantes en bas bleus, à souliers plats, à bagues d'argent, et qui sentaient le lait, quand on passait près d'elles. Elles marchaient en se tenant par la main, et se répandaient ainsi sur toute la longueur de la prairie, depuis la lignes des trembles jusqu'à la tente du banquet.[15]

On le sait, ce qui donne à cette scène des Comices son cachet tout particulier, c'est son orchestration polyphonique. Voici, en prélude aux différentes voix s'entrelaçant avec leurs différents discours, les voix des bêtes interférant les unes avec les autres, et s'articulant en une incessante coulisse sonore campagnarde :

> Les bêtes étaient là, le nez tourné vers la ficelle, et alignant confusément leurs croupes inégales. Des porcs assoupis enfonçaient en terre leur groin ; des veaux beuglaient ; des brebis bêlaient ; les vaches, un jarret replié, étalaient leur ventre sur le gazon, et, ruminant lentement, clignaient leurs paupières lourdes, sous les moucherons qui bourdonnaient autour d'elles. (Ed. cit., p. 234)

En effet, les Comices se font entendre comme une véritable symphonie musicale. Et si « l'excessif » y est à l'œuvre, c'est sur un mode que Flaubert invente grâce au jeu savant d'une écriture mettant à son profit des effets de bruitage et d'orchestration de voix se répondant sur le mode d'un vécu combien banal et « terre à terre » :

> La place jusqu'aux maisons était comble de monde. [...] Malgré le silence, la voix de M. Lieuvain se perdait dans l'air. Elle vous arrivait par lambeaux de phrases, qu'interrompait çà et là le bruit des chaises dans la foule ; puis on entendait, tout à coup, partir derrière soi un long mugissement de bœuf, ou bien les bêlements des agneaux qui se répondaient aux coins des rues. [...]
> Rodolphe s'était rapproché d'Emma, et il disait d'une voix basse, en parlant vite :
> – Est-ce que cette conjuration du monde ne vous révolte pas ?
> (Ed. cit., p. 176)

C'est encore Flaubert lui-même qui nous fait le mieux comprendre et la nouveauté et l'originalité des principes de composition à l'œuvre dans cette scène. Voici ce qu'il écrit à Louise Colet, à propos de « mes Comices », le 12 octobre 1853 :

> Bouilhet prétend que ce sera la plus belle scène du livre. Ce dont je suis sûr, c'est qu'elle sera neuve et que l'intention est bonne. Si jamais les effets d'une symphonie ont été reportés dans un livre, ce sera là. *Il faut que cela hurle par*

> *l'ensemble*, qu'on entende à la fois des beuglements de taureaux, des soupirs d'amour et des phrases d'administrateurs. Il y a du soleil sur tout cela, et des coups de vent qui font remuer les grands bonnets […] J'arrive au dramatique rien que par l'entrelacement du dialogue et les oppositions de caractère.

« J'arrive au dramatique rien que par l'entrelacement du dialogue et les oppositions de caractère » : appréhender le bien-fondé d'un tel commentaire, c'est en même temps comprendre à quel point Flaubert invente ses propres mesures. En fait, il convertit le mode de l'excessif hugolien de façon à adapter tout « grossissement », toute « exagération » aux mesures d'un réel vécu.

Autrement dit, évoquer de puissantes scènes où se mêlent le grotesque et le pathétique, c'est pour Hugo, dans *Notre-Dame*, inventer de monstrueuses fantasmagories dramatiques ; peindre sa scène des Comices, dans *Madame Bovary*, c'est pour Flaubert, rester « terre à terre » et produire du « dramatique rien que par l'entrelacement du dialogue et les oppositions de caractère ». Mais c'est en même temps traduire et faire entendre le dramatique par l'intermédiaire d'une mise en tableau mouvante, bruyante et animée, « son et lumière ». Car, comme il le dit :

> *Il faut que cela hurle par l'ensemble*, qu'on entende à la fois des beuglements de taureaux, des soupirs d'amour et des phrases d'administrateurs. Il y a du soleil sur tout cela, et des coups de vent qui font remuer les grands bonnets.

Aussi, pour Flaubert, conter le réel, c'est d'abord, l'appréhender, dans la réalité, c'est aller *voir*... Ainsi, avant de « faire » sa grande scène des Comices, Flaubert va assister à des Comices réels. « J'avais besoin de voir une de ces ineptes cérémonies rustiques pour ma *Bovary* », explique-t-il à Louise Colet dans sa lettre du 18 juillet 1852 :

> […] Ce matin, j'ai été à un comice agricole, dont j'en [*sic*] suis revenu mort de fatigue et d'ennui. J'avais besoin de voir une de ces ineptes cérémonies rustiques pour ma *Bovary*, dans la deuxième partie. C'est pourtant là ce qu'on appelle le Progrès et où converge la société moderne. J'en suis physiquement malade.[16]

Aussi, conter un réel « excessif », raconter une expérience de « coups de poing », c'est d'abord appréhender dans la réalité un de ces moments quasiment « surréels », dans lesquels, pour qui sait le voir et l'entendre, le grotesque et le pathétique se mêlant, « la réalité vous écrase toujours ».

Il suffit d'un enterrement. Il suffit d'y être témoin d'une vraie douleur, d'un côté, et de l'autre, entendre les bêtises et banalités que professe à votre oreille un des assistants indifférents : « J'allais à cette cérémonie avec l'intention de me guinder l'esprit à faire des finesses, à tâcher de découvrir de petits graviers, et ce sont des blocs qui me sont tombés sur la tête ! Le grotesque m'assourdissait les oreilles et le pathétique se convulsionnait devant mes yeux » :

> [...] Tu parles de grotesque ; j'en ai été accablé à l'enterrement de Mme Pouchet. Décidément le bon Dieu est romantique ; il mêle continuellement les deux genres. [...] Pendant que je regardais ce pauvre Pouchet qui se tordait debout comme un roseau au vent, sais-tu ce que j'avais à côté de moi ? Un monsieur qui m'interrogeait sur mon voyage : « Y-a-t-il des musées en Egypte ? *Quel était l'état des bibliothèques publiques* » (textuel). L'enterrement étant protestant, le prêtre a parlé en français au bord du trou. Mon monsieur aimait mieux ça... « Et puis, le catholicisme est dénué de ces fleurs de rhétorique. » O humains, ô mortels ! Et dire qu'on est toujours dupe, qu'on a beau se croire inventif, que la réalité vous écrase toujours.[17]

Conter l'excessif à voix blanche

« Et dire qu'on est toujours dupe, qu'on a beau se croire inventif, que la réalité vous écrase toujours » : Avec cette phrase comme leitmotiv, essayons, pour finir, de condenser le registre de l'excessif, chez Hugo, chez Flaubert, en faisant dialoguer les voix qui content deux épisodes « coups de poing » particulièrement chargés d'émotion. Il s'agit, dans *Notre-Dame de Paris*, de l'exécution souverainement barbare de Jehan, l'écolier ; et, dans *L'Education sentimentale*, de l'exécution non moins barbare d'un des prisonniers sous la terrasse au bord de l'eau.

Voici, au point culminant du « sac des truands », Quasimodo, en haut de la tour de Notre-Dame, qui, tel un singe, lentement « épluche » sa victime pour ensuite le « tourner sur l'abîme comme une fronde », et l'y jeter :

> Puis on entendit un bruit comme celui d'une boîte osseuse qui éclate contre un mur, et l'on vit tomber quelque chose qui s'arrêta au tiers de la chute à une saillie de l'architecture. C'était un corps mort qui resta accroché là, plié en deux, les reins brisés, le crâne vide. (G.F.-Flammarion, 1985, p. 802)

Or, voici, au comble des journées sanglantes de la Révolution de 1848, le père Roque, en costume de garde national, exécutant d'un coup de fusil un jeune prisonnier qui lui demande du pain :

> « Du pain !
> – Tiens ! en voilà ! » dit le père Roque, en lâchant son coup de fusil.
> Il y eut un hurlement, puis rien. Au bord du baquet, quelque chose de blanc était resté.
> Après quoi, M. Roque s'en retourna chez lui. (*L'Education sentimentale*, éd. cit., p. 412)

En effet, les analogies sont évidentes entre ce qui est « montré » dans les deux scènes : un corps mort, un « crâne vide » chez Hugo ; un corps vivant, criant, « puis rien ». Seule vérité criante, « quelque chose de blanc », resté sur le bord d'un baquet.

La comparaison des deux passages fait ressortir, aussi, que le traitement de l'image, dans l'un, est plus spectaculaire et « inventif » que dans l'autre : là où Hugo nous fait assister, les yeux grands ouverts d'horreur, à une mise à mort monstrueusement fantasmagorique et spectaculaire, Flaubert, d'une voix atone, module le geste insensé de son personnage sur le mode de ces atrocités que, de tout temps, les hommes « lâchent » les uns sur les autres, se confrontant non seulement en temps de guerre et de révolution, mais aussi, comme ici, dans un de ces moments « excessifs » de notre quotidien. Rien d'étonnant, dès lors, à ce que l'horreur, devant ce « quelque chose de blanc », possède une force telle que nous baissons les yeux.

On l'aura senti, dans ces deux épisodes, c'est la voix qui le dit, qui nous assomme avec le plus de force. C'est une voix de conteur étrange. Elle est comme neutre, comme atone. On dirait qu'elle est « toute blanche ». Exceptionnelle, pour Hugo, elle sera celle que Flaubert inventera pour se l'approprier tout entière. C'est la voix de « l'impersonnel », de l'impassible. Mais c'est aussi, et essentiellement, *la voix de l'émotion retenue*. Et c'est, peut-être, cette étrange voix blanche qui nous donne les coups de poing les plus violents parce qu'elle sait tout particulièrement « toucher » notre cœur.

Juliette Frølich
Université d'Oslo

Notes
1. Gustave Flaubert : *Correspondance*, Bibliothèque de la Pléiade, t. II, p. 385.
2. Lettre à Louise Colet, 14 juin 1853, *ibid.*, p. 356.
3. A Louise Colet, 15 juillet 1853, *ibid.*
4. 3 décembre 1843, *Correspondance*, t. I, p. 195.
5. Cependant, à la parution des *Misérables*, l'admiration tourne en indignation. Flaubert laisse « éclater » son indignation dans une lettre à Edma Roger des Genettes, juillet ?,1862 : « […] Je ne trouve dans ce livre ni vérité, ni grandeur. Quant au style, il me semble intentionnellement incorrect et bas. C'est une façon de flatter le populaire. […] Où y a-t-il des prostituées comme Fantine, des forçats comme Valjean et des hommes politiques comme les stupides cocos de l'A, B, C ? Pas une fois on ne les voit *souffrir*, dans le fond de leur âme. Ce sont des mannequins, des bonshommes en sucre, à commencer par Mgr Bienvenu. […] L'observation est une qualité seconde en littérature, mais

il n'est pas permis de peindre si faussement la société, quand on est le contemporain de Balzac et de Dickens. » – Des reproches analogues sont formulés en 1874, à la parution de *Quatrevingt-treize* ; à George Sand, le 28 février : « Avez-vous lu le *Quatre-vingt-treize* du père Hugo ? J'aime mieux ce livre-là que ses deux derniers [*L'Homme qui rit* (1869) et *L'Année terrible* (1872)]. Il y a de bien belles choses dans le premier volume. Mais tous les personnages parlent en Hugo. Il n'a pas le don de faire des bonshommes vrais. »

6. Fin décembre 1875, *Correspondance*, t. IV, pp. 1000-1001.
7. 8 octobre 1859, *Correspondance*, t. III, p. 45 .
8. Jean Bruneau, l'éditeur de la Correspondance de Flaubert, dans l'édition de la Pléiade, remarque que cette lettre, jusqu'à un certain point, « constitue une sorte de pastiche du style hugolien, y compris la signature *Ex imo*, « formule empruntée au vocabulaire de Victor Hugo et que Flaubert n'emploie jamais » (Flaubert, *Correspondance*, t. II, p. 1187, note 3). En effet, les points d'exclamation, le pathétique de l'invocation et, avant tout, les nombreux emprunts à un vocabulaire de *l'excessif*, visent à un effet de style « monumental », qui, aux yeux, voire aux oreilles, de Flaubert est essentiellement « hugolien ».
9. A Victor Hugo, 15 juillet 1853, *Correspondance*, t. II, pp. 382-383.
10. *Le Petit Robert.*
11. *Le Petit Robert*
12. A Louise Colet, 15 juillet 1853, *loc. cit.*
13. *ibid.*
14. Victor Hugo, *Notre-Dame de Paris*, in : *Œuvres complètes, Romans* I, Robert Laffont, Paris, 1985, p. 794.
15. Gustave Flaubert : *Madame Bovary*. Préface, notes et dossier par Jacques Neefs, Le Livre de Poche classique, 1999, pp. 233-234.
16. *Correspondance*, t. II, p. 134.
17. A Louise Colet, 14 juin 1853, *Correspondance*, t. II, pp. 355-356.

Hugo et Balzac : poétiques comparées

par

Michel Brix

Les critiques s'accordent à reconnaître l'influence prépondérante exercée sur le romantisme français par les écrivains allemands que l'on appelle les « romantiques d'Iéna », c'est-à-dire principalement les frères Friedrich et August Wilhelm Schlegel, Novalis et le philosophe Schelling, réunis autour de la publication de l'*Athenaeum* (six fascicules parus entre 1798 et 1800). Les idées des romantiques d'Iéna entretiennent avec la tradition platonicienne, ou néo-platonicienne, des rapports évidents. Selon les rédacteurs de l'*Athenaeum*, l'art consiste à « graver sur les tables de la nature les pensées de la divinité avec le stylet de l'esprit créateur de formes » ou, en d'autres termes, à former « à l'intérieur de la philosophie elle-même un cercle plus étroit, dans lequel nous voyons immédiatement l'éternel, sous une forme visible en quelque sorte [...] »[1]. Le deuxième passage cité appartient à l'introduction du cours de Schelling sur « La Philosophie de l'art », – introduction où l'on trouve aussi les propos suivants : « [...] vérité et beauté ne sont que deux façons différentes de considérer l'unique Absolu [...] » (Lacoue-Labarthe et Nancy, 1978, p. 404). Les *Leçons sur l'art et la littérature* d'August Wilhelm Schlegel adoptent comme prémisses que la nature est un « poème hiéroglyphique » et que la beauté constitue la représentation symbolique de l'infini par le fini ; de même, son frère Friedrich suit les enseignements du dialogue de l'*Ion* en affirmant, dans son *Histoire de la poésie des Grecs et des Romains* (*Geschichte der Poesie der Griechen und Römer*) que la poésie vient des dieux et que l'enthousiasme des poètes sacrés était dans l'Antiquité le signe d'une possession et d'une inspiration venue d'en haut[2]. On pourrait multiplier les citations : le platonisme dessine l'horizon philosophique des romantiques d'Iéna, – lesquels se donnaient pour tâche de supprimer la « cloison invisible qui sépare le monde réel et le monde idéal »[3], afin de rendre sensibles les Idées, et notamment celle qui les unit toutes, l'Idée de la beauté.

Les vues des romantiques d'Iéna furent diffusées en France par le traité *De l'Allemagne* de Mme de Staël, écrivain qui fut liée aux frères Schlegel et les utilisa comme principales sources d'informations sur la littérature et la pensée allemandes. Mme de Staël défend elle aussi la thèse selon laquelle il existe un Beau, un Vrai et un Bien universels. Si l'on en croit l'auteur de *De l'Allemagne*, les populations germaniques seraient plus aptes que les autres à ressentir et à exprimer les idées innées. Les Allemands se plaisent en effet « dans l'idéal », la quête de la Beauté constitue selon eux le principe de tous les arts, leur métaphysique idéaliste « a [comme chez les Grecs] pour origine le culte de la beauté par excellence, que notre âme seule peut concevoir et reconnaître » ; naturellement portée vers le platonisme, l'Allemagne a produit une poésie qui constitue « le miroir terrestre de la divinité » et qui s'attache à exprimer « l'éternel et l'infini » ainsi que l'« alliance secrète de notre être » avec l'âme de la nature[4].

En 1813, le traité de Mme de Staël (qui avait paru déjà en 1810 mais avait été envoyé au pilon par le gouvernement impérial) invitait les écrivains français à se renouveler en puisant leur inspiration dans la pensée platonicienne. L'auteur de *Corinne* allait trouver quelques années plus tard un allié de poids en la personne de Victor Cousin : futur maître à penser de l'Université et de la philosophie française sous la monarchie de Juillet, Cousin rencontra Schelling à Munich en 1818, s'employa à le faire traduire, correspondit régulièrement avec lui et surtout publia de 1822 à 1840 la première traduction française complète des écrits de Platon. Suppléant de Royer-Collard à la Sorbonne, Cousin donna en 1818 un cours de philosophie qui sera publié, avec quelques modifications, en 1853, et dont l'intitulé ne laisse aucun doute sur le contenu platonicien : *Du Vrai, du Beau et du Bien*[5]. L'auteur y proclamait la réunion, dans le Beau, de l'infinité divine avec la finitude du monde sensible et de l'esprit humain : d'où le rôle majeur de l'artiste, découvreur et interprète du Beau, appelé à réveiller dans les objets sensibles l'intuition des réalités éternelles. Cette esthétique « officielle » de l'université française fut également prêchée par Théodore Jouffroy, dont le *Cours d'esthétique* de 1826 fut publié en 1843.

De telles doctrines ne sont pas restées sans écho dans la littérature, et Jacques Seebacher a pu écrire, à propos de Victor Hugo : « La plus grande partie de l'esthétique de Victor Hugo n'est [...] pas originale. Indépendamment de toute question de source, nous en trouvons le modèle chez Victor Cousin » (Seebacher 1993, p. 27). A l'influence conjuguée de l'esthétique néo-classique et des théories des écrivains allemands réunis autour de la publication de l'*Athenaeum*, s'est ajoutée la diffusion des doctrines illuministes du XVIIIe siècle, lesquelles trouvent leurs sources d'inspiration dans le néoplatonisme et se fondent toutes, peu ou prou, sur certaines intuitions de l'auteur du *Banquet* (ainsi le système des correspondances exposé dans l'œuvre de Swedenborg[6]). Au cours de la première moitié du XIXe siècle, la triade des Idées majeures rayonne plus que jamais devant les écrivains et la poétique du romantisme français va, pour se déployer, prendre appui sur quelques-uns des axes principaux de la vulgate platonicienne.

Cette hypothèse trouve particulièrement à se vérifier – comme le laisse entendre Jacques Seebacher – si l'on prend en compte l'œuvre de Victor Hugo. L'esthétique hugolienne s'articule autour de quelques données majeures de la tradition issue des dialogues du philosophe grec.

La quête des valeurs absolues

En s'autorisant de la caution de Platon, Victor Cousin a défini une triade d'Idées majeures, qui resplendirait au-dessus de nos têtes : le Beau, le Bien, le Vrai[7]. Au centre de cette triade, l'Idée du Beau luit d'un éclat sans pareil et représente l'image extérieure de l'Idéal. D'où la thèse que les artistes ont à donner figure à cette Idée, pour susciter dans l'âme les sentiments d'origine céleste que la Beauté réveille : « Le cœur humain veut plus qu'il ne peut ; il veut surtout admirer : il a en soi-même un élan vers une beauté inconnue, pour laquelle il fut créé [...] » (Chateaubriand 1978, p. 672). D'où l'identité – familière aux lecteurs de Hugo – entre Dieu et le Beau, entre le prêtre et l'artiste et entre les trois idées majeures elles-mêmes. *La Légende des siècles*, par exemple, associe clairement le Beau et le Vrai :

> Quiconque est bon voit clair dans l'obscur carrefour ;
> Quiconque est bon habite un coin du ciel. O sage,
> La bonté qui du monde éclaire la visage,
> La bonté, ce regard du matin ingénu,
> La bonté, pur rayon qui chauffe l'Inconnu,
> Instinct qui dans la nuit et dans la souffrance aime,
> Est le trait d'union ineffable et suprême
> Qui joint, dans l'ombre, hélas ! si lugubre souvent,
> Le grand ignorant, l'âne, à Dieu, le grand savant.[8]

On trouve exposés les mêmes rapprochements dans *William Shakespeare* : l'inspiration du poète procédant de Dieu, l'art vise à appréhender le divin sous la triple essence du Beau, du Bien (le progrès) et du Vrai (la liberté).

Enfin, la « Préface » de *Marie Tudor* indiquait aussi que le drame romantique était sous-tendu par la corrélation étroite existant entre la vérité, la moralité et le beau. Ainsi, sur la question centrale du réalisme, Hugo se trouve en droit de proclamer l'équivalence entre l'art romantique et le vrai : la révolution littéraire dont il s'est fait le champion consiste en « un retour universel à la nature et à la vérité[9] ».

La question de l'amour

Hugo a non seulement identifié l'art et la religion, mais aussi l'amour et la religion. Il s'agit à nouveau d'un souvenir de la tradition platonicienne. C'est encore l'idée du Beau qui est ici en jeu : nous sommes attirés par la beauté d'un corps parce qu'elle est le reflet de la Beauté éternelle. Et nous n'aimons pas un beau corps pour lui-même, nous chérissons en lui l'incarnation du Beau immuable et absolu ; autant dire que, pour que le sentiment amoureux reste vif, nous en arrivons rapidement à aimer – plutôt que le corps, sujet à la dégradation et qui ne peut s'offrir longtemps en image de la perfection – l'âme, c'est-à-dire la part non corporelle, non soumise au temps, de l'être aimé. L'amour nous élève, de l'attirance éprouvée pour les images terrestres du Beau, au désir le chérir les belles âmes et *in fine* à la contemplation du Beau en soi. De là dérive la sacralisation de la femme, qui devient – aux yeux de l'homme – une messagère divine, éveillant dans les cœurs masculins la nostalgie du monde céleste.

Le poète reprit notamment cette thématique dans les vers du « Sacre de la Femme », qui retracent l'époque de la création du monde, quand s'exprimaient sans entrave aucune les symboles divins (« L'arbre était bon ; la fleur était une vertu ; / [...] »[10]) et quand régnaient – non sous forme de copies mais dans leur état d'archétypes – les idées platoniciennes (« Jours inouïs ! le bien, le beau, le vrai, le juste, / Coulaient dans le torrent, frissonnaient dans l'arbuste ; / [...] [11] »). Lors de cette aube bénie (« Le Sacre de la Femme » ne fait aucune allusion au péché originel) – et toujours si l'on en croit le poétique récit de Hugo –, Eve reçut les hommages de la Nature et du firmament, qui reconnaissaient en elle l'être où Dieu avait mis le plus de lui-même.

Ainsi, dans l'œuvre hugolienne, c'est à la femme que revient la charge de rappeler à l'homme ses célestes origines et de lui ouvrir les portes de la rédemption. Aux yeux de tous les personnages masculins d'*Hernani*, doña Sol est un « ange », tout comme Cosette est l'« ange » de Jean Valjean, et Dea – on aura noté le symbolisme du nom – est l'« étoile » de Gwynplaine, le héros de *L'Homme qui rit*[12]. De même, quand l'Ange Liberté de *La Fin de Satan* supplie le Diable de renoncer à sa haine, le poète a soin de nous préciser que cet Ange est – à l'instar de l'Eloa de Vigny – une « vierge adorable »[13].

Chez Hugo, l'amour participe de la religion et constitue pour l'homme une renaissance et une transfiguration. Lorsque la Reine lui demande : « Pourquoi donc étiez-vous, comme eût été Dieu même, / Si terrible et si grand ? », Ruy Blas répond : « Parce que je vous aime »[14]. A la fin de *L'Homme qui rit*, Dea, morte, attire Gwynplaine à elle et le convie à rejoindre l'étoile où elle est elle-même retournée. Cet appel de la morte vaut cher, on l'aura noté, sous la plume du père de Léopoldine : le décès de la jeune fille semble avoir conduit le poète à approfondir, et non à renier, les intuitions platoniciennes de ses premières œuvres.

Aux yeux de Hugo, la beauté féminine atteste que la femme est porteuse du sacré. Un poème des *Chants du crépuscule* célèbre une femme non nommée qui ressemble à un « hymne vers Dieu » et qui rend visible « [l]a suprême vertu par la beauté suprême »[15] ; et un autre poème du même recueil lance un hommage vibrant au chantre suprême de cette beauté sacrée, le maître Pétrarque[16]. De Dea, l'auteur de *L'Homme qui rit* écrit qu'elle est non seulement belle (d'une beauté « indicible ») mais aussi qu'elle est « pâle de cette pâleur qui ressemble à la transparence de la vie divine sur une figure terrestre » (Hugo 1985c III, p. 775). De même, Léonie Biard, Judith Gautier et – dans *Le Roi s'amuse* – la fille de Triboulet sont également célébrées pour leur transparence : la perfection de leur corps révèle leur âme, qui est angélique[17]. Significativement, Judith Gautier est appelée « Dea » par Hugo au lendemain de leur première rencontre, parce que – selon le poète – la lumière céleste rayonne à travers elle comme à travers l'héroïne idéale de *L'Homme qui rit* :

> Vous rayonnez sous la beauté ;
>   C'est votre voile.
> Vous êtes un marbre, habité
>   Par une étoile[18].

Dans cette équivalence de la beauté féminine et de l'infini se rejoignent – comme l'observe Agnès Spiquel (Spiquel 1997, pp. 160-161) – les deux sens du mot « nue », qui désigne à la fois le corps féminin et la voûte céleste. Ainsi, Hugo note :

> La femme nue, c'est le ciel bleu.
>   Nuages et vêtements font obstacle à la contemplation. La beauté et l'infini veulent être regardés sans voiles. Au fond, c'est la même extase, l'idée de l'infini se dégage du beau, comme l'idée du beau se dégage de l'infini.
>   La beauté n'est pas autre chose que l'infini contenu dans un contour.[19]

La même idée revient dans « L'An neuf de l'Hégire », poème de *La Légende des siècles*, où elle est attribuée à Mahomet :

> Il songeait longuement devant le saint pilier ;
> Par moments il faisait mettre une femme nue
> Et la regardait, puis il contemplait la nue,
> Et disait : « La beauté sur terre, au ciel le jour »[20].

La nudité féminine est « sainte »[21], comme celle d'Eve dans « Le Sacre de la Femme », parce que le corps de la femme porte témoignage du Ciel. Autant dire que cette nudité que célèbrent de nombreux poèmes hugoliens est indissociable d'une rigoureuse chasteté et que son évocation ne s'accommode d'aucune arrière-pensée de plaisir charnel. Les héroïnes de Hugo sont d'une virginité angélique, à l'instar de la Dea de *L'Homme qui rit*, laquelle, aveugle, ignore jusqu'aux éventuelles implications sensuelles de la nudité et se révèle d'autant plus chaste qu'elle ignore même qu'elle l'est. Au reste, sa féminité s'adresse à l'âme plutôt qu'aux sens :

> Il y avait du rêve en Dea. Elle semblait un songe ayant un peu pris corps. Il y avait dans toute sa personne, dans sa structure éolienne, dans sa fine et souple taille inquiète comme le roseau, dans ses épaules peut-être invisiblement ailées, dans les rondeurs discrètes de son contour indiquant le sexe, mais à l'âme plutôt qu'aux sens, dans sa blancheur qui était presque de la transparence, dans l'auguste occlusion sereine de son regard divinement fermé à la terre, dans l'innocence sacrée de son sourire, un voisinage exquis de l'ange, et elle était tout juste assez femme. (Hugo 1985c III, p. 538)

Le regard de Dea est « divinement fermé à la terre ». On croise ici le mythe romantique de la cécité, familier aux lecteurs de Hugo et de Ballanche : délivré des impressions fugitives dues aux objets sensibles, l'aveugle se trouve en mesure de pénétrer les intentions divines, ou les essences, cachées au commun des mortels. Mais le passage cité de *L'Homme qui rit* réaffirme également avec force le dualisme Terre-Ciel et la supériorité du monde d'en haut. Ainsi, la mort prématurée d'êtres de fiction comme Dea et doña Sol, ou d'êtres réels comme Léopoldine Hugo et Claire Pradier, semble correspondre au désir qu'ont pu nourrir ces jeunes filles de se conserver angéliques, en se prémunissant contre les flétrissures de la vie et surtout contre les tentations de la chair. S'agissant de « Claire [Pradier] », par exemple, on lit dans *Les Contemplations* :

> On sentait qu'elle avait peu de temps sur la terre,
> Qu'elle n'apparaissait que pour s'évanouir,
> Et qu'elle acceptait peu sa vie involontaire ;
> [...].
> O mère, ce sont là des anges, voyez-vous !
> [...]
> Ils ont ce grand dégoût mystérieux de l'âme
> Pour notre chair coupable et pour notre destin ;
> [...]. (Hugo 1985b II, pp. 492-493)

Hugo et Balzac : poétiques comparées 111

La femme ne rend témoignage du Ciel que si elle est vierge, c'est-à-dire préservée de toutes les impuretés du réel. C'est ce que rappelle aussi – mais sur le mode de l'humour cette fois – un passage des *Misérables*. Marius rencontre Cosette – l'« ange » Cosette – au Luxembourg :

> Tout à coup un souffle de vent, plus en gaîté que les autres, et probablement chargé de faire les affaires du printemps, s'envola de la pépinière, s'abattit sur l'allée, enveloppa la jeune fille dans un ravissant frisson digne des nymphes de Virgile et des faunes de Théocrite, et souleva sa robe, cette robe plus sacrée que celle d'Isis, presque jusqu'à la hauteur de la jarretière. Une jambe d'une forme exquise apparut. Marius la vit. Il fut exaspéré et furieux. (Hugo 1985c II, p. 564)

La terre comme miroir du divin

Dans la tradition platonicienne, le monde naturel possède pour fonction majeure d'évoquer la beauté telle qu'elle existe dans le monde spirituel. La nature est l'emblème du divin, ainsi que le laisse entendre à plusieurs reprises le dialogue du *Timée* : « Si le monde est beau et si celui qui l'a fait est excellent, il l'a fait évidemment d'après un modèle éternel » ; l'univers est un « Dieu sensible, image [eikon] du Dieu intelligible »[22]. Un fragment de Novalis porte que « [l]e monde est un trope universel de l'esprit, son image symbolique »[23]. Miroir de Dieu, l'univers se trouve en rapport d'analogies avec le monde invisible, auquel le lie un réseau de correspondances.

Pareille thématique fut illustrée déjà au XVIIIe siècle, avant le romantisme. Les théories de Swedenborg, notamment, reposent sur l'idée que l'univers matériel, en tant qu'émanation sensible du divin, constitue le reflet de l'univers surnaturel ; les essences se donnent à connaître, dans le monde, sous forme symbolique, ou hiéroglyphique ; le visible et l'invisible sont reliés par des « arcanes célestes » – ou analogies –, que l'esprit humain est invité à découvrir, afin de s'élever de la vision du monde d'en-bas à la possession des réalités spirituelles.

En France, Victor Hugo est, par excellence, le poète des analogies terre-Ciel. Il ébauche dès 1822 le programme de son itinéraire poétique futur, en affirmant dans la première édition des *Odes et ballades* :

> [...] le domaine de la poésie est illimité. Sous le monde réel, il existe un monde idéal qui se montre resplendissant à l'œil de ceux que des méditations graves ont accoutumés à voir dans les choses plus que les choses. (Hugo 1985b I, p. 54)

De même, quelques années plus tard, Hugo invite ses lecteurs à diriger leur attention vers la nature, qui s'offre comme un grand livre ouvert : « Ecoute la nature aux vagues entretiens. Entends sous chaque objet sourdre la parabole. Sous l'être universel vois l'éternel symbole ; [...] »[24]. La nature « sait ce que l'homme ignore », « [t]oute création est du secret d'en haut / Une explication flamboyante et superbe », le spectacle de l'univers révèle Dieu : « Tout cet ensemble obscur, végétation sainte, / Compose en se croisant ce mot énorme : DIEU »[25].

Le trait majeur de la poétique hugolienne réside dans cet effort pour s'élever jusqu'à l'Etre éternel, qui se laisse progressivement appréhender à travers les formes du divin recueillies dans la création. Hugo accentuera même la dimension quasi-mystique de sa quête, notamment à partir de l'exil, quand le poète tiendra commerce avec les morts et que, ouverts à l'action des forces de l'esprit, ses textes répéteront les paroles que l'écrivain a entendues – ou qu'il a cru entendre – de « la Bouche d'ombre ».

Le sacerdoce poétique et l'inspiration sacrée

Par la médiation du Beau s'unissent l'éternité et le temps, l'infinité divine et la finitude du monde sensible. Mais l'homme doit se montrer capable de découvrir le Beau dans la nature, d'interpréter le message divin, de déchiffrer les symboles. Si l'intervention humaine fait défaut, le temple reste « sans voix » – pour reprendre une formule des *Méditations poétiques* de Lamartine[26] –, le monde d'en bas ne laissant filtrer qu'une imparfaite lumière du monde idéal. Les artistes – et plus particulièrement les poètes – se trouvent de la sorte investis d'une sorte de ministère spirituel : c'est à eux qu'il appartient de chanter l'hymne de l'univers, de mettre au jour les correspondances qui unissent la terre et le Ciel, et de donner à la communauté des êtres humains la possibilité de remonter en esprit vers la triade platonicienne. Eclairant la nature et la destinée humaine, l'artiste explique, pour ainsi dire, l'œuvre divine et réalise l'accord du fini et de l'infini.

Depuis la « Préface » de *Cromwell* jusqu'à *William Shakespeare* (où le chapitre intitulé « Le Beau serviteur du Vrai » est consacré au sacerdoce poétique) – en passant par « Fonction du poète » (dans *Les Rayons et les Ombres*) et surtout par « Les Mages » en 1855 (dans *Les Contemplations*) –, la pensée de Hugo sur ce point n'a pas varié, même si au Poète-prêtre ou au Poète-saint succède, après le 2 décembre 1851, le Poète-vengeur, également porteur de la parole d'en haut. Selon Hugo, la conscience de l'écrivain est destinée à devenir, à l'égal de la nature, le miroir de l'universel. L'ambition de l'auteur, sans cesse réaffirmée à travers ses écrits théoriques, consiste à représenter les vérités ontologiques de l'être humain à partir de la peinture de la nature éternelle que le poète porte en lui.

Si le XIXe siècle a fait de la poésie l'outil essentiel du déchiffrement du monde, c'est que le verbe poétique conserve, aux yeux des romantiques, le souvenir des origines du langage. Les diverses théories qui ont éclos, à l'époque, sur la langue primitive s'accordaient à voir celle-ci comme le lieu où s'exprimaient, sans entrave aucune, les symboles divins. Entre la mise au jour des correspondances terre-Ciel et la recherche de l'idiome originel existe un parallélisme étroit, presque une identité.

L'interprétation de l'histoire

Aux yeux de Hugo, la nature n'est pas seule, dans le monde des réalités sensibles, à proposer le reflet des réalités spirituelles et à s'intégrer dans un grand plan qui la dépasse. Au même titre que la nature, l'histoire de l'humanité s'offre au déchiffrement des intentions supérieures.

Cette thèse ne se trouve pas dans Platon – pas clairement en tout cas [27] – mais elle s'est trouvée associée au *corpus* platonicien du romantisme. Les événements qui avaient secoué la France, entre 1789 et 1815, insufflèrent à tous les intellectuels le désir de connaître les lois qui conduisent secrètement la marche des sociétés. L'histoire devient ainsi, au XIXe siècle, une composante majeure des idéologies, lesquelles s'appuient toutes sur une interprétation du passé : histoire et philosophie de l'histoire vont de pair, il importe tout autant de connaître les événements qui ont fait le passé de la France que de découvrir les principes qui inspirèrent le déroulement de ces événements.

Comme la nature, l'histoire renferme donc un message spirituel ; assimilée à une marche vers l'idéal, elle manifeste en quelque sorte l'alliance – le « grand hymen » dit Hugo [28] – entre le genre humain et Dieu ; l'histoire réalise donc une intention divine, et la découverte de la vérité absolue qui donne leur sens aux vicissitudes des civilisations permettra non seulement de comprendre le passé, mais aussi de voir apparaître les destinées futures de l'humanité.

Hugo a illustré, tout au long de son œuvre – depuis « Le Poète dans les révolutions », qui appartient au recueil des *Odes et ballades*, jusqu'à la « Dernière Série » de *La Légende des siècles* –, l'image du poète civilisateur, appelé à éclairer son pays sur les événements politiques, à replacer ceux-ci, heureux ou malheureux, dans leur perspective divine, enfin à guider ses contemporains dans la marche vers le futur. « [R]êveur sacré », écho sonore de son siècle et de l'histoire, il vient « préparer des jours meilleurs » et sa poésie est « l'étoile qui mène à Dieu rois et pasteurs » [29]. Le cas de Hugo montre aussi que le poète ne dispense pas un enseignement qui lui serait extérieur ; avec lui, l'histoire s'incarne dans la destinée même de l'écrivain avant que celui-ci, en retour, n'en livre la signification profonde au public. Le Moi de l'écrivain résume en lui le Monde, et tire de cette intériorisation la légitimité et l'autorité pour parler. On notera que pareille accession à la conscience prophétique requiert de la part du poète l'abandon de ses particularités personnelles et la tension vers une sorte d'anonymat. A la condition de n'être plus personne, de ne rien laisser subsister d'individuel en lui, l'écrivain peut se faire le réceptacle de l'universel. La parole prophétique est en effet toujours générale, émancipée en tout cas de la conscience qui la transmet. *La Légende des Siècles* est emblématique de cette dépossession : l'auteur y fait refluer sa date de naissance de 1802 à 1789, pour permettre la coïncidence de son histoire personnelle et de l'histoire de France. Pour que la voix de Hugo devienne celle de tous, le poète doit renoncer à ses caractéristiques propres et se faire aussi « universel » que possible :

> Deviens l'Humanité, triple, homme, enfant et femme !
> Transfigure-toi ! va ! sois de plus en plus l'âme ![30]

Types littéraires et grands hommes

Un des traits récurrents de l'esthétique romantique réside dans la création de types, qui sont censés incarner des idées. Hugo écrit que le premier des dons souverains qui témoigne du génie chez un écrivain consiste dans la production de semblables types, par lesquels l'auteur « recouvre de chair et d'os les idées »[31].

L'auteur de *William Shakespeare* s'exprimait à propos de Cervantès. Mais les objectifs que s'était fixés Hugo lui-même, qu'il soit biographe, auteur de théâtre ou romancier, ne visaient pas autre chose. La « Préface » d'*Angelo, tyran de Padoue* attribue au poète dramatique la mission d'incarner des idées (la liberté, la tyrannie, le refus de l'opposition ...) et de mettre en présence dans ses pièces des âmes choisies, qui résument la destinée humaine. On reconnaît ici le côté « moulin à antithèses » de l'œuvre littéraire hugolienne. Des partis-pris analogues apparaissent dans l'« Etude sur Mirabeau » (1834) – l'imagination agrandissante de Hugo présente l'existence tout entière de Mirabeau, de la naissance à la mort, comme un symbole – ainsi que dans *Les Misérables*, avec le recours à des personnages types représentant chacun une idée ou une valeur. Analysant le roman de Hugo, Baudelaire écrit en 1862 :

> Il est bien évident que l'auteur a voulu, dans *Les Misérables*, créer des abstractions vivantes, des figures idéales dont chacune, représentant un des types principaux nécessaires au développement de sa thèse, fût élevée jusqu'à une hauteur épique. C'est un roman écrit en manière de poème, et où chaque personnage n'est *exception* que par la manière hyperbolique dont il représente une *généralité*.[32]

L'auteur des *Fleurs du Mal* indique ensuite qu'il a reconnu en Monseigneur Bienvenu la « charité hyperbolique » ou en Jean Valjean « la brute naïve, innocente ». Il aurait pu également évoquer Gavroche, image du Peuple idéalisé dans son essence pure. De même *Quatrevingt-treize* montre l'opposition entre le royalisme vendéen et le jacobinisme à travers les figures de Lantenac et de Cimourdain. La création de types – entendus comme des universaux qui permettent d'appréhender, voire de configurer, l'ultime et immuable vérité – se révèle intimement liée à l'esthétique romantique en général, et à la poétique hugolienne en particulier.

*

Cette esthétique, dont on vient de suggérer quelques-uns des principaux caractères, a-t-elle régné sans partage au XIXe siècle, ou en tout cas pendant les années que l'histoire littéraire qualifie de « romantiques » (de 1820 à 1843, ou à 1848) ? Rien n'est moins sûr. En 1830, il n'y a pas que les classiques perruqués qui faisaient la grimace en assistant aux représentations d'*Hernani*. Sainte-Beuve, qui figure pourtant à l'époque dans le clan de Hugo, a indéfiniment tardé à écrire, et finalement n'a jamais écrit, un compte rendu de la pièce ; les raisons du critique ne sont pas seulement privées : tous les articles qu'il a consacrés à Hugo font état de réticences esthétiques. Balzac ne peut lui non plus être compté au nombre des *aficionados* de Hugo. Deux articles du *Feuilleton des journaux politiques* – articles qui figurent dans les *Œuvres diverses* de Balzac [33] – rendent compte d'*Hernani* : le critique ironise sur les invraisemblances – au regard de l'histoire et au regard de la logique – qui parsèment la pièce et reproche en substance à Hugo d'avoir refait du théâtre classique, mais en plus mal. Et Balzac se moque à nouveau du hugolisme la même année, dans un petit article de *La Caricature*, sous la signature « Alfred Coudreux »[34]. Cette antipathie était réciproque : dans ses *Souvenirs romantiques*, Gautier rappelle que les romantiques de 1830 méprisaient Balzac, parce qu'ils trouvaient « la représentation des mœurs modernes inutile, bourgeoise et manquant de lyrisme »[35].

Balzac ne s'est jamais attaché à définir sa poétique, dans un texte que la critique pourrait considérer comme un manifeste. Pourtant, les données essentielles de cette poétique apparaissent dans deux nouvelles dont la publication suit de peu la « révolution » littéraire de 1830 : *Le Chef-d'œuvre inconnu* et *Ferragus*.

Le peintre Frenhofer, héros du *Chef-d'œuvre inconnu*, parle de son œuvre comme d'une entreprise religieuse, qui doit l'identifier à Dieu. Il veut faire apparaître sur son tableau l'idée, le modèle de la personne qu'il représente, ou – pour reprendre ses propres termes – « l'esprit, l'âme » (Balzac 1976-

1981 X, p. 418) « la nature divine, complète, l'idéal enfin » (Balzac 1976-1981 X, p. 426). Il cherche à forcer les secrets de la création, et à atteindre le principe de son modèle, la part divine de l'être humain. En ce principe réside, selon une métaphysique inspirée à la fois de Platon et de Swedenborg, le Beau. Il s'agit moins pour Frenhofer de représenter une femme que de manifester la dimension permanente, ou l'âme invisible, de l'existence humaine, et de révéler la forme spirituelle de l'univers, saisie, reconnue et transmise par l'artiste. La traduction sur la toile de « l'arcane de la nature » (Balzac 1976-1981 X, p. 418) – la formule appartient à Swedenborg – est appelée à donner au spectateur le pressentiment de l'infini, le reflet du monde supérieur :

> Toute figure est un monde, un portrait dont le modèle est apparu dans une vision sublime, teint de lumière, désigné par une voix intérieure, dépouillé par un doigt céleste qui a montré, dans le passé de toute une vie, les sources de l'expression. (Balzac 1976-1981 X, p. 419)

De même, toujours selon Frenhofer, une main « exprime et continue une pensée qu'il faut saisir et rendre » (Balzac 1976-1981 X, p. 418). On connaît cependant le dénouement tragique du récit : le tableau ne porte en fait qu'un amas de couleurs, où émerge seulement le dessin d'un pied. A l'image de ce qui attend les acteurs futurs des poèmes baudelairiens, la mort vient, comme une sanction inévitable, mettre un terme à l'ambition démesurée du peintre de Balzac : la restitution de l'idée platonicienne, vers laquelle tendaient tous les efforts de l'artiste, s'est révélée impossible.

Il n'est pas interdit de reconnaître dans les idées émises par Frenhofer les grandes options qui guidaient la création poétique de Hugo, notamment. Les premiers recueils poétiques de Hugo, ainsi que la « Préface » de *Cromwell*, plaident, nous l'avons évoqué, pour un art sacralisé, issu de l'expérience absolue d'une relation mystique avec le Verbe et dont la mission peut s'exprimer comme suit : la poésie doit soulever le voile de la Nature – souvent identifié au voile d'Isis – et exprimer la part divine du monde ; l'artiste est une sorte de scribe inspiré, dont la pensée fulgurante, apparentée à la prière, pulvérise les frontières du *logos* ; sous l'emprise d'une illumination céleste, le poète se dégage de son corps et découvre les choses d'un point de vue semblable à celui de Dieu, livrant ainsi au monde une vision totalisante du réel.

Or, s'il faut en croire *Le Chef-d'œuvre inconnu*, Balzac ne pensait pas que l'homme – artiste ou non – pouvait aller au-delà de l'humain et il ne voyait, dans pareilles conceptions esthétiques, qu'illusions, voire charlatanisme. Dans la nouvelle, Frenhofer prétend que son maître Mabuse possédait le secret du mouvement dans l'art. Mais Mabuse nous est présenté comme un

« vieil ivrogne » (Balzac 1976-1981 X, p. 427), qui trompait le public par des leurres grossiers[36]. De même, quand enfin le voile tombe et révèle le tableau dont Frenhofer affirme qu'il est inégalable, c'est ... un autre voile qui apparaît, sous la forme d'une « muraille de peinture » (Balzac 1976-1981 X, p. 436). L'illusion peut ainsi se perpétuer. « «Il y a une femme là-dessous » » (Balzac 1976-1981 X, p. 436), s'écrie Porbus, qui nie en quelque sorte l'échec du maître. Dans le même sens, le suicide du vieux peintre et la destruction du tableau, au cours de la nuit suivante, permettront à ceux qui le veulent d'affirmer, ou de laisser croire, que Frenhofer, à l'instar de Mabuse, a emporté dans la tombe le secret du relief en peinture.

Balzac n'est pas Hugo et la littérature romantique n'est pas un phénomène univoque, contrairement à ce que voudrait nous faire croire une certaine critique, qui présente Balzac comme l'homme du discours auctorial, du narrateur omniscient régnant sur son monde comme Dieu sur l'univers. *La Comédie humaine* correspondrait dans cet esprit à un gigantesque effort de classification et de mise en ordre de la réalité : au sein de cet immense ensemble, chaque élément se trouverait dévoilé, analysé et expliqué par un écrivain visionnaire, non soumis aux illusions de la perception, capable d'appréhender et de comprendre les choses dans leur vérité. De telles options critiques n'ont à coup sûr pas été étrangères au rejet dont Balzac a été victime pendant plusieurs décennies du XXe siècle. La modernité ne se reconnaissait pas dans le romancier : on lui reprochait la « naïveté » d'une description du monde univoque, ne tenant aucun compte de la diversité des points de vue ou des lacunes inhérentes à tout effort de représentation.

Mais est-il sûr qu'on a bien lu Balzac ? Est-il sûr, notamment, que tout ce qui chez lui passe pour du discours « auctorial » ne relève jamais du style indirect libre ? On peut légitimement se poser la question à la lecture de *Ferragus*, par exemple.

On connaît le long préambule qui ouvre ce récit :

> Il est dans Paris certaines rues déshonorées autant que peut l'être un homme coupable d'infamie ; puis il existe des rues nobles, puis des rues simplement honnêtes, puis de jeunes rues sur la moralité desquelles le public ne s'est pas encore formé d'opinion ; puis des rues assassines, des rues plus vieilles que de vieilles douairières ne sont vieilles, des rues estimables, des rues toujours propres, des rues toujours sales, des rues ouvrières, travailleuses, mercantiles. Enfin, les rues de Paris ont des qualités humaines, et nous impriment par leur physionomie certaines idées contre lesquelles nous sommes sans défense. (Balzac 1976-1981 V, p. 793).

Le développement qui suit court sur quatre pages et s'apparente à un préambule « hugolien ». Chacune des rues de Paris posséderait sa signification : celle-ci le déshonneur, celle-là l'honnêteté, une autre le labeur, une autre encore le crime, etc. Nous sommes bien, en apparence tout au moins, en présence du Balzac que les discours critiques nous ont rendu familier : l'auteur qui nous dévoile comment fonctionne le monde et qui nous révèle les significations dernières des choses. Mais le monde fonctionne-t-il vraiment comme l'explique le préambule du récit ? *Ferragus* raconte en effet l'histoire d'une méprise : Auguste de Maulincour se trompe sur le comportement d'une femme, Clémence Desmarets. Il croit découvrir qu'elle a des rendez-vous secrets avec un amant, alors qu'elle va rendre visite (en cachette de son mari dont elle ne veut pas compromettre la carrière) à son père, l'ex-forçat Bourignard, dit Ferragus. Le récit montre les conséquences dramatiques de cette erreur, qui va détruire l'amour unissant Clémence à son mari Jules et conduire à la mort de la jeune femme. Or l'auteur indique clairement les causes de l'erreur d'Auguste : celui-ci attribue aux rues de Paris des significations, et c'est en fonction de cette espèce de « grille » symbolique qu'il a interprété le comportement de Clémence. Lorsqu'il aperçoit la jeune femme marchant dans une rue infâme – ou plutôt dans une rue qui dénote, selon le système contre lequel Auguste est « sans défense », l'infamie –, le jeune homme est stupéfait :

> [...], il connaissait Paris ; et sa perspicacité ne lui permettait pas d'ignorer tout ce qu'il y avait d'infamie possible pour une femme élégante, riche, jeune et jolie, à se promener là, d'un pied criminellement furtif. *Elle*, dans cette crotte, à cette heure ! (Balzac 1976-1981 V, pp. 796-797)

Pourtant Auguste se trompe : Clémence ne va pas retrouver un amant mais se rend chez son père. Ainsi, quand on lit dans le texte « il connaissait Paris », « sa perspicacité ne lui permettait pas d'ignorer », ces mentions ne sont – à l'évidence – pas à rapporter au discours auctorial, puisque le récit nous montre au contraire qu'Auguste est rien moins que perspicace : on est dans l'esprit du héros, qui – prisonnier d'un système qu'il croit infaillible – méconnaît la diversité du réel. Quant au long préambule « hugolien » (ou qui nous a paru tel) de *Ferragus*, il ne peut non plus être assimilé à du discours auctorial : les événements racontés ensuite prouvent en effet que le symbolisme qui y est exposé est faux. A l'évidence, donc, ce passage relève du discours indirect et nous installe dans la conscience de certains Parisiens, soumis à des idées erronées – le récit va le prouver – et idées, de surcroît, « contre lesquelles [ces mêmes Parisiens sont] sans défense ».

A l'instar de *Ferragus*, la plupart des récits qui composent La *Comédie humaine* illustrent l'impossibilité d'atteindre à cette vision « totalisante » qui constitue l'objectif de l'esthétique hugolienne, en donnant à appréhender l'écart séparant les choses elles-mêmes et les impressions nées des choses. Mme Vauquer regarde sa pension comme un château alors qu'aux yeux de tout le monde l'immeuble s'apparente plutôt à un taudis. Les mêmes objets peuvent être ressentis de façon radicalement différentes, à proportion des « passions » – pour reprendre la phraséologie de Stendhal, autre opposant à Hugo – qu'éprouvent les observateurs. Ainsi, dans *La Cousine Bette*, la remarque suivante se révèle déterminante :

> Ici peut-être est-il nécessaire de faire observer que la maison de la baronne conservait toute sa splendeur aux yeux de la cousine Bette, qui n'était pas frappée, comme le marchand parfumeur parvenu, de la détresse écrite sur les fauteuils rongés, sur les draperies noircies et sur la soie balafrée. [...]. Cet appartement, toujours éclairé pour la cousine Bette par les feux du Bengale des victoires impériales, resplendissait donc toujours. (Balzac 1976-1981 VII, p. 85.)

Tout au long de *La Comédie humaine*, Balzac montre que les individus modèlent la réalité selon leurs désirs et leur fantaisie : une femme suivie dans la rue, la nuit, allume l'imagination et attire comme magnétiquement l'esprit du promeneur ; elle paraît jeune, belle, voluptueuse, avant de révéler, à la clarté blafarde d'une porte cochère, sa nature de petite bourgeoise sans séduction, et qui plus est effarouchée de se sentir suivie.

L'histoire de la société ne se modèle pas chez Balzac sur un patron divin, mais se fond dans la peinture des illusions qui affectent les hommes et les femmes qui composent cette société. Les significations que l'on accorde à la réalité environnante peuvent varier à l'infini et surtout elles ne sont jamais les mêmes d'un individu à l'autre. Ces différences constituent le grand moteur de *La Comédie humaine*, où le discours auctorial intervient beaucoup moins que le discours indirect libre : le romancier ne cesse de se faire « autre », de plonger son lecteur dans des intériorités nouvelles, pour qu'apparaissent la multiplicité des points de vue qui sont portés sur le réel et l'impossibilité de rendre compte du monde selon un point de vue « unifiant ». Le monde suscite autant d'images différentes qu'il y a de sujets qui le contemplent. Balzac – et pour cette raison il n'est pas faux de le décrire comme un « visionnaire » – s'est assigné la tâche de montrer les caractères multiformes de la création vue à travers le prisme d'un maximum d'intériorités. Le romancier de *La Comédie humaine* n'a cessé d'élire domicile dans les cerveaux et de rendre compte de la vision du monde qu'ils secrètent. Ce que chaque être humain appelle la « réalité » est le fruit d'une reconstruction des choses selon les désirs et l'intériorité de l'observateur. Et le conflit entre toutes ces appréhensions différentes du monde expliquent la marche de la société française : c'est en tout cas une des leçons essentielles de *La Comédie humaine* et, sous le rapport de l'histoire littéraire, un trait fondateur de la modernité.

Tous les écrivains font profession de « réalisme », mais il n'y a rien de plus éloigné que le réalisme de Hugo et celui de Balzac. Le réalisme de Hugo est fondé sur l'idée que l'on peut exprimer le Vrai, en identifiant son discours au point de vue de Dieu. Le réalisme de Balzac repose lui sur l'idée qu'exprimera plus tard Flaubert en ces termes : « Il n'y a pas de Vrai ! Il n'y a que des manières de voir »[37]. Le réalisme est impossible et c'est à la pluralité infinie des « manières de voir » que l'auteur doit rendre sensible ses lecteurs. On rejoint par là l'intitulé de ce colloque. A Hugo correspond l'œuvre totale, ou en tout cas l'ambition de l'œuvre totale (dire le dernier mot du monde, faire aboutir le monde à un livre), tandis que Balzac montre que l'écrivain ne peut que juxtaposer des fragments, – chaque fragment s'identifiant à un point de vue sur le réel.

Toute l'œuvre de Balzac peut ainsi se lire comme un procès de la poétique hugolienne. L'auteur de *La Comédie humaine* illustre par ses fictions que la religion de l'art (*Le Chef-d'œuvre inconnu*), la religion de l'amour (*Le Lys dans la vallée*), la volonté de se faire « ange » (*Louis Lambert*), la recherche de l'absolu (cf. le roman de ce titre) conduisent les individus à faire leur malheur propre et celui de leur entourage.

Dans ce débat Hugo/Balzac, qui trace une ligne de partage entre *deux* esthétiques romantiques et définit le romantisme comme un phénomène conflictuel, il y eut antagonisme radical mais il n'y eut ni vainqueur ni vaincu. Mallarmé est l'héritier de Hugo et Proust celui de Balzac. L'œuvre totale contre les fragments.

Michel Brix
Facultés Universitaires Notre-Dame de la Paix, Namur

Notes
1. Textes de Friedrich Schlegel et de Schelling (Lacoue-Labarthe et Nancy, 1978, p. 225 et 399).
2. Voir Lacoue-Labarthe et Nancy 1978, ainsi que Behler 1996, p. 81. Il n'est pas question, bien sûr, de vouloir expliquer l'ensemble du romantisme allemand – phénomène littéraire complexe – par le seul platonisme (ce qui reviendrait à en exclure Goethe au moins). Nous n'évoquons ici que les romantiques d'Iéna, sans préjuger non plus des évolutions ultérieures de la pensée de ces écrivains.
3. Citation de Schelling extraite des *Leçons sur l'art et la littérature* d'August Wilhelm Schlegel (Lacoue-Labarthe et Nancy 1978, p. 342).
4. Staël 1968 I, pp. 166, 187, 232, 207 et 237.

5. Paris : Didier. Voir aussi Cousin 1830 et Cousin 1845, ainsi que, du même, l'introduction aux *Œuvres philosophiques du Père André* (Charpentier, Paris, 1843).
6. On observera au reste que Swedenborg n'a jamais caché sa dette vis-à-vis du philosophe grec.
7. A noter que – pour définir cette triade – Cousin ne s'est pas seulement inspiré de Platon mais aussi de la célèbre théorie des universaux, dans laquelle Cousin voyait l'apport majeur de la philosophie médiévale.
8. Hugo 1985b II, p. 793 (*XIII. Maintenant*).
9. *Littérature et philosophie mêlées*, cité par Hans Peter Lund, *Revue Romane*, 2001,2, pp. 319-320.
10. « Le Sacre de la Femme » fut publié pour la première fois dans la *Revue des Deux Mondes* du 1er septembre 1859, puis dans *La Légende des Siècles*. Voir Hugo 1985b II, p. 573.
11. *Ibid.*, p. 573.
12. Voir Hugo 1985c II, p. 1151 (*Les Misérables*), et Hugo 1985c III, p. 777 (*L'Homme qui rit*).
13. *La Fin de Satan*, « L'Ange Liberté », 8 ; cité par Spiquel 1997, p. 138. L'analyse qui suit est particulièrement redevable à deux chapitres de cet ouvrage, « Le Salut au féminin ? » (pp. 129-145) et « La Chair et l'âme » (pp. 147-164).
14. *Ruy Blas*, acte III, scène 3 (Hugo 1985d II, p. 81).
15. *Les Chants du crépuscule*, « XXXV » (Hugo 1985b I, p. 786).
16. « Ecrit sur la première page d'un Pétrarque », pièce XXXIV des *Chants du crépuscule* (Hugo 1985b I, p. 784).
17. Voir Spiquel 1997, pp. 161 et 163.
18. *Toute la lyre*, VI, 37 (« A Madame J... ») [texte daté du 4 avril 1874] (Hugo 1985b III, p. 411).
19. *Le Tas de pierres* (cité dans Spiquel 1997, p. 161).
20. Hugo 1985b II, p. 599 (*La Légende des siècles*, première série).
21. *Ibid.*, p. 574 (« Le Sacre de la Femme »).
22. *Timée* [28*a-b* et 92*c*], trad. V. Cousin.
23. Extrait des *Fragments de Teplitz* [*Teplitzer Fragmente*] cité et traduit in Behler 1996, p. 129.
24. Hugo 1985b I, p. 1018 (vers extraits du poème intitulé « Que la musique date du seizième siècle », dans *Les Rayons et les ombres*).
25. Extraits cités dans Bénichou 1988, pp. 315, 321 et 320. Voir également p. 323 la mention de ce passage des *Travailleurs de la mer* : « L'univers est [la] synonymie [de Dieu]. » Sur la quête hugolienne des analogies terre-Ciel, voir aussi Raymond 1978, pp. 253-270. Enfin, sur l'omniprésence de la thématique divine chez Hugo, voir Rétat 1999.
26. Dans « La Prière ».

27. A signaler que le *Phèdre* indique cependant que le poète est naturellement historien : « Une troisième espèce de délire, celui qui est inspiré par les muses, quand il s'empare d'une âme simple et vierge, qu'il la transporte, et l'excite à chanter des hymnes ou d'autres poèmes et à embellir des charmes de la poésie les nombreux hauts faits des anciens héros, contribue puissamment à l'instruction des races futures » (*Phèdre* [245a], trad. V. Cousin).
28. Hugo 1985b II, p. 821 (*La Légende des Siècles*, « Plein Ciel »).
29. Hugo 1985b I, pp. 923 et 929 (« Fonction du poète », in *Les Rayons et les Ombres*).
30. Hugo 1985b II, p. 749 (« Le Satyre », in *La Légende des Siècles*).
31. *William Shakespeare*, in Hugo 1985a, p. 281.
32. Analyse publiée dans *Le Boulevard* du 20 avril 1862 (Baudelaire 1976, p. 220).
33. Voir Balzac 1996, pp. 677-690. Ces deux articles parurent dans les numéros du *Feuilleton des journaux politiques* datés des 24 mars et 7 avril 1830.
34. « Les Litanies romantiques » (*La Caricature*, 9 décembre 1830), in Balzac 1996, pp. 822-827.
35. Gautier 1929, p. 109. Voir l'intégralité de ce passage dans BRIX 2002, p. 841.
36. « [Mabuse] possédait si bien *le faire* [de donner la vie aux figures], qu'un jour, ayant vendu et bu le damas à fleurs avec lequel il devait s'habiller à l'entrée de Charles-Quint, il accompagna son maître avec un vêtement de papier peint en damas. L'éclat particulier de l'étoffe portée par Mabuse surprit l'empereur, qui voulant en faire compliment au protecteur du vieil ivrogne, découvrit la supercherie » (Balzac 1976-1981 X, p. 427).
37. « Cette manie de croire qu'on vient de découvrir la nature et qu'on est plus vrai que les devanciers m'exaspère. *La Tempête* de Racine est tout aussi vraie que celle de Michelet. Il n'y a pas de Vrai ! Il n'y a que des manières de voir » (Lettre du 3 février 1880 à Léon Hennique).

Travaux cités

Balzac, Honoré de (1976-1981) : *La Comédie humaine*, édition dirigée par Pierre-Georges Castex. Gallimard , « Bibliothèque de la Pléiade », Paris.

Balzac, Honoré de (1996) : *Œuvres diverses*, éd. dirigée par Pierre-Georges Castex. Gallimard, « Bibliothèque de la Pléiade », t. II, Paris.

Baudelaire, Charles (1976) : *Œuvres complètes*, éd. Cl. Pichois. Gallimard, « Bibliothèque de la Pléiade », t. II, Paris.

Behler, Ernst (1996) : *Le Premier Romantisme allemand*, trad. par Elizabeth Décultot et Christian Helmreich. PUF, Paris.

Bénichou, Paul (1988) : *Les Mages romantiques*. Gallimard, Paris.

Brix, Michel (2002) : Balzac et l'héritage de Rabelais. *Revue d'Histoire Littéraire de la France*, 2002/5, pp. 829-842.

Chateaubriand, François-René de (1978) : *Essai sur les révolutions. Génie du christianisme*, éd. Maurice Regard. Gallimard, « Bibliothèque de la Pléiade », Paris.

Cousin, Victor (1830) : *Cours de philosophie sur le fondement des idées absolues du Vrai, du Beau et du Bien*. Hachette, Paris.

Cousin, Victor (1845) : Du Beau et de l'art. *Revue des Deux Mondes*, 1er septembre 1845.

Gautier, Théophile (1929) : *Souvenirs romantiques*, éd. A. Boschot. Garnier Frères, Paris.

Hugo, Victor (1985a) : *Critique*, éd. Jean-Pierre Reynaud *et alii*. Robert Laffont, Paris.

Hugo, Victor (1985b) : *Poésie* I-III. Robert Laffont, Paris.

Hugo, Victor (1985c) : Roman I-III. Robert Laffont, Paris.

Hugo, Victor (1985d) : *Théâtre* I-III. Robert Laffont, Paris.

Lacoue-Labarthe, Philippe et Jean-Luc Nancy (1978) : *L'Absolu littéraire. Théorie de la littérature du romantisme allemand*. Seuil, Paris. (Avec la collaboration d'Anne-Marie Lang.)

Platon (1822-1840) : *Œuvres*, trad. Victor Cousin. Bossange frères [puis Pichon et Didier ; Pichon ; Rey et Gravier ; Rey], Paris. 13 tomes.

Raymond, Marcel (1978) : *Romantisme et rêverie*. José Corti, Paris.

Rétat, Claude (1999) : *X, ou le Divin dans la poésie de Victor Hugo après l'exil.* : CNRS Editions, Paris.

Seebacher, Jacques (1993) : *Victor Hugo ou le Calcul des profondeurs*. PUF, Paris.

Spiquel, Agnès (1997) : *La Déesse cachée. Isis dans l'œuvre de Victor Hugo*. Honoré Champion, Paris.

Staël, Germaine de (1968) *De l'Allemagne* I-II, éd. Simone Balayé. Garnier-Flammarion, Paris.